Madlen Hofstetter

KOCHEN FÜR GRUPPEN

Rezepte und Tips

rex verlag luzern stuttgart

Die Deutsche Bibliothek – CIP – Einheitsaufnahme
Hofstetter, Madlen:
Kochen für Gruppen : Rezepte und Tips
Madlen Hofstetter. Fotos : Georg Sidler. – Luzern ; Stuttgart :
rex verlag, 1994
ISBN 3-7252-0585-X

Lektorat: Markus Kappeler, Luzern
Erfassen: Monika Jaroszewicz, Luzern
Fotos: Georg Sidler, Schwyz
Die Fotos stammen von einem Kochtag im Berghaus "Eseltritt",
zusammen mit der Autorin, dem rex Verlagsteam und den Kindern
der Gesamtschule Aufiberg, Kanton Schwyz
Satz und Gestaltung: Urs Holzgang, Schwyz
Druck: Ebner Ulm

ISBN 3-7252-0585-X

Bereits als Kind erlebte ich viele spannende Jugendlager. Später war ich als Leiterin aktiv. Während meiner Ausbildung zur Hauswirtschaftslehrerin begann ich in Lagerküchen mitzuwirken. Schon als Kind erfuhr ich den grossen Unterschied, von einer guten oder einer ungenügenden Küche verköstigt zu werden. Als Leiterin entdeckte ich, welch wichtige Rolle gutes Essen und ein funktionierendes Küchenteam für die gesamte Lageratmosphäre spielt. Wie war es mühsam, wenn all diese Dinge ums Essen nicht "rund" liefen! Diese Erfahrungen und mein persönliches Interesse bewogen mich, dieses Buch zu verfassen.

Jedes Jahr werden Hunderte von Lagern und Jugendfreizeiten durchgeführt. Die Küche ist immer ein zentraler Teil des Geschehens. Mit diesem speziellen Kochbuch für Gruppen möchte ich meine Erfahrungen und Erkenntnisse an alle weitergeben, die sich in einem Küchenteam engagieren, welches eine grosse Anzahl Leute verköstigen darf.

Wer die Aufgabe als Küchenfrau oder Küchenmann übernimmt, findet in diesem Buch alle wichtigen Informationen und viele neue Ideen zu gesunder Ernährung, Menüplanung, Einkaufen, Kücheneinrichtung, Organisation. Den Schwerpunkt aber bilden Rezepte. Alle Rezepte sind für **10 Personen** berechnet. Ich denke, da lässt sich für jeden Geschmack, für jede Art von Lager und Fest, im Sommer oder Winter, etwas finden. Das Buch ist jenen eine nützliche Hilfe, die nicht die Erfahrungen eines Berufskochs oder einer Berufsköchin besitzen.

Eine vollwertige, ausgeglichene Ernährung trägt viel zum persönlichen Wohlbefinden und zur körperlichen Gesundheit bei. An einem Fest, besonders aber im Lager ist dieser Tatsache Beachtung zu schenken. Das Kapitel "Einkaufen", und zwar ökologisch und ökonomisch richtig, liegt mir ebenfalls sehr am Herzen.
Nun wünsche ich viel Freude beim Planen, Organisieren und Kochen.

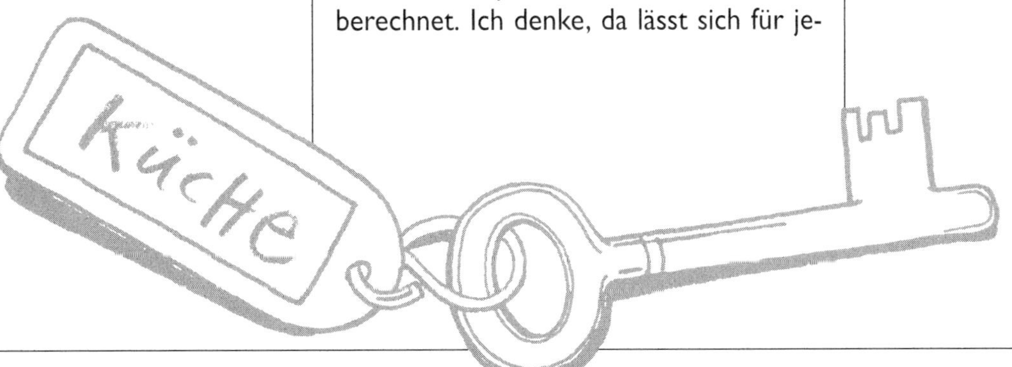

Essen ist ein Grundbedürfnis des Menschen. Essen und Trinken sind die Voraussetzungen, dass unser Körper funktioniert, dass wir arbeiten, gesund und lebensfähig bleiben. Viele Zivilisationskrankheiten wie Gicht, Rheuma, Herzprobleme, Übergewicht, Karies und Vitaminmangel sind weitgehend auf eine falsche Ernährung zurückzuführen. Nicht, dass es an gesunden Nahrungsmitteln fehlen würde, das Angebot ist grösser denn je. Nein, gerade weil das Angebot so gross ist und wir über genügend Geld verfügen, um all das zu kaufen, was uns gerade Lust macht, ernähren wir uns nicht nach den wirklichen Bedürfnissen. Diese Freiheit ist verhängnisvoll, besonders wenn wir uns gleichzeitig keine Zeit zum Essen nehmen und alleine, ohne Tischgemeinschaft, speisen. Eigentlich besitzt jeder Mensch von Natur aus einen Instinkt, der ihm zeigt, welche Nahrungsmittel, in welcher Menge und zu welchem Zeitpunkt er zu sich nehmen soll. Allerdings ist dieser Instinkt bei vielen Menschen bereits verkümmert. Die Beziehung zu unserer Nahrung, wie sie wächst, schmeckt, woher sie kommt, wie sie auf unseren Körper und unser Befinden wirkt, das ging weitgehend verloren. Kein Wunder, dass sich immer mehr Menschen, besonders Jugendliche, mit Fast-Food und Fertigprodukten zufrieden geben. Sie wissen nicht mehr, wie eine selbstgemachte Lasagne, frische Milch oder Erdbeeren aus dem Wald und Garten schmecken. Wir alle sollten etwas dazu beitragen, dass Kinder erneut eine Beziehung zu unseren Nahrungsmitteln, zur Natur, zum Leben aufbauen können. Nur so werden sie ihre Verantwortung für unsere Um- und Mitwelt wahrnehmen können und sich einsetzen, die Natur besser zu schützen. Essen bedeutet mehr als nur Nahrungszufuhr. Essen am gemeinsamen Tisch heisst auch Gemeinschaft erfahren, miteinander sprechen, sich treffen, geniessen, Rücksicht nehmen. Je weniger häusliche Tischgemeinschaft ein Kind erlebt, umso schlechter ist seine Ernährung, wie in mehreren Studien nachgewiesen wurde.

Informationen aus der Ernährungslehre

Nahrungs- und Lebensmittel enthalten: Nährstoffe, Wirkstoffe, Begleitstoffe. Der durchschnittliche Tagesbedarf an Nährstoffen beträgt 1 800 - 2 400 Kalorien, je nach Alter, Arbeitstätigkeit und Geschlecht. Bei grossen, körperlichen Leistungen kann der Bedarf auch höher sein.

Nährstoffe

Eiweiss ist das Baumaterial für unseren physischen Körper, für die Muskeln, das Hirn, unser Abwehrsystem, sowie für Hormone und Enzyme, die den Körper steuern. Vorkommen: in Milch, Milchprodukten (Quark, Joghurt, Käse), Fisch, Eiern, Geflügel, Fleisch, Hülsenfrüchten, Tofu.

Fette liefern unserem Körper Energie und speichern diese. Durch sie können die fettlöslichen Vitamine A, D, E und U in den Körper aufgenommen werden. Fette haben eine Schutzfunktion und unterstützen die Aromabildung der Speisen.

Vorkommen: in Butter, Rahm, Öl, Margarine, Würsten und weiteren fetthaltigen Nahrungsmitteln.

Verdauliche Kohlehydrate wie Stärke und Zucker liefern Energie.
Vorkommen: in Getreide (Mais, Reis, Weizen), Getreideprodukten (Mehl, Brot, Teigwaren, Gebäck), Zucker, Süssspeisen, Kartoffeln, Kastanien.

Unverdauliche Kohlehydrate wie Faser- oder Ballaststoffe aktivieren und reinigen den Verdauungsbereich.
Vorkommen: in Salat, Gemüse, Früchten, Getreide und Vollkornprodukten.

Mineralsalze und Vitamine erfüllen eine Schutzfunktion in unserem Körper und sind verantwortlich für das optimale Funktionieren des Stoffwechselsystems und der Verdauung.
Vorkommen: in Früchten, Gemüse, Vollkornprodukten, Milch.

Wasser ist Transportmittel, Lösungsmittel, Flüssigkeitsspender.

Das tägliche Esshüfeli

Wirk- und Begleitstoffe wie Enzyme, ätherische Öle, Farbstoffe, Pigmente, Aromen erfüllen auch wichtige kleine Aufgaben, auf die ich jetzt nicht näher eingehen möchte.

Bei jeder Menüplanung muss darauf geachtet werden, dass alle Nährstoffe im richtigen Verhältnis enthalten sind. Erst dann können wir von einer gesunden Ernährung sprechen.

Getreideprodukte sind Vollkornprodukte (Teigwaren, Mehl, Vollreis) und enthalten mehr Nährstoffe, Vitamine und Nahrungsfasern, als raffinierte Produkte wie weisse Teigwaren oder Weissmehl.

Weisser Zucker Diesen leeren Kalorienlieferanten mit Süsskraft sparsam dosieren. Birnendicksaft, Honig und Vollrohrzucker sind etwas wertvoller als weisser Zucker. Möglichst wenig Zucker verwenden.

Fleisch/Fleischersatz Einmal Fleisch am Tag (60 - 80 g) ist oft üblich, aber weniger wäre besser. Sogar überhaupt kein Fleisch ist möglich, denn es ist ersetzbar durch Milch, Milchprodukte, Hülsenfrüchte, Fische, Eier. Manche Menschen essen überhaupt kein Fleisch.

◆ Kochen ohne Fleisch braucht aber etwas Mut und Phantasie.

◆ Fleisch nicht in riesigen Portionen auftischen und möglichst jenes aus tiergerechter Haltung bevorzugen.

◆ Aus preisgünstigen Fleischstücken lassen sich schmackhafte Gerichte zubereiten.

Es besteht bekanntlich ein Zusammenhang zwischen unserem grossen Fleischkonsum und dem Hunger in der Dritten Welt. Um eine tierische Kalorie zu erzeugen braucht es 7 pflanzliche Kalorien. Würden wir mehr Getreide für die menschliche Ernährung einsetzen und nicht zum Füttern der Schlachttiere, wäre das Hungerproblem auf unserer Welt wohl etwas kleiner.

Fette/Öle Qualität sollte vor Quantität stehen. Kaltgepresste Öle sind wertvoller für unsere Ernährung, dürfen aber nicht erhitzt werden.

Zum Anbraten müssen hitzebeständige Öle und Fette verwendet werden: Bratbutter (eingesottene Butter), Erdnussöl, Olivenöl, Sonnenblumenöl. Butter ist gesünder als Margarine.

Gemüse, Früchte Sie liefern wichtige Vitamine und Mineralstoffe sowie Nahrungsfasern. Jede Mahlzeit sollte Gemüse oder Früchte (roh oder gekocht) enthalten; mindestens einmal täglich sollte Rohkost gegessen werden.

Getränke Jeder Mensch sollte täglich 1 - 2 Liter Flüssigkeit trinken. Wasser, Kräuter- und Früchtetees sind zu bevorzugen. Milch ist ein Nahrungsmittel, kein Getränk!

Merke

Je unverarbeiteter, natürlicher ein Nahrungsmittel ist, um so wertvoller ist es für unseren Körper!

Tips zur nährstoffschonenden Zubereitung

Gewisse Vitamine sind licht-, luft- und hitzeempfindlich und wasserlöslich:
Früchte und Gemüse deshalb immer zuerst waschen, dann schälen und zerkleinern. Geschnittene Früchte, Gemüse und Salate möglichst schnell weiterverarbeiten und nicht herumliegen lassen, eventuell zudecken. Früchte und Gemüse nur schälen, wenn es unbedingt nötig ist. Gemüse und Früchte in möglichst wenig Wasser nicht zu stark weichkochen und das Kochwasser weiterverwenden: für Suppen, Saucen, zum Blumengiessen.

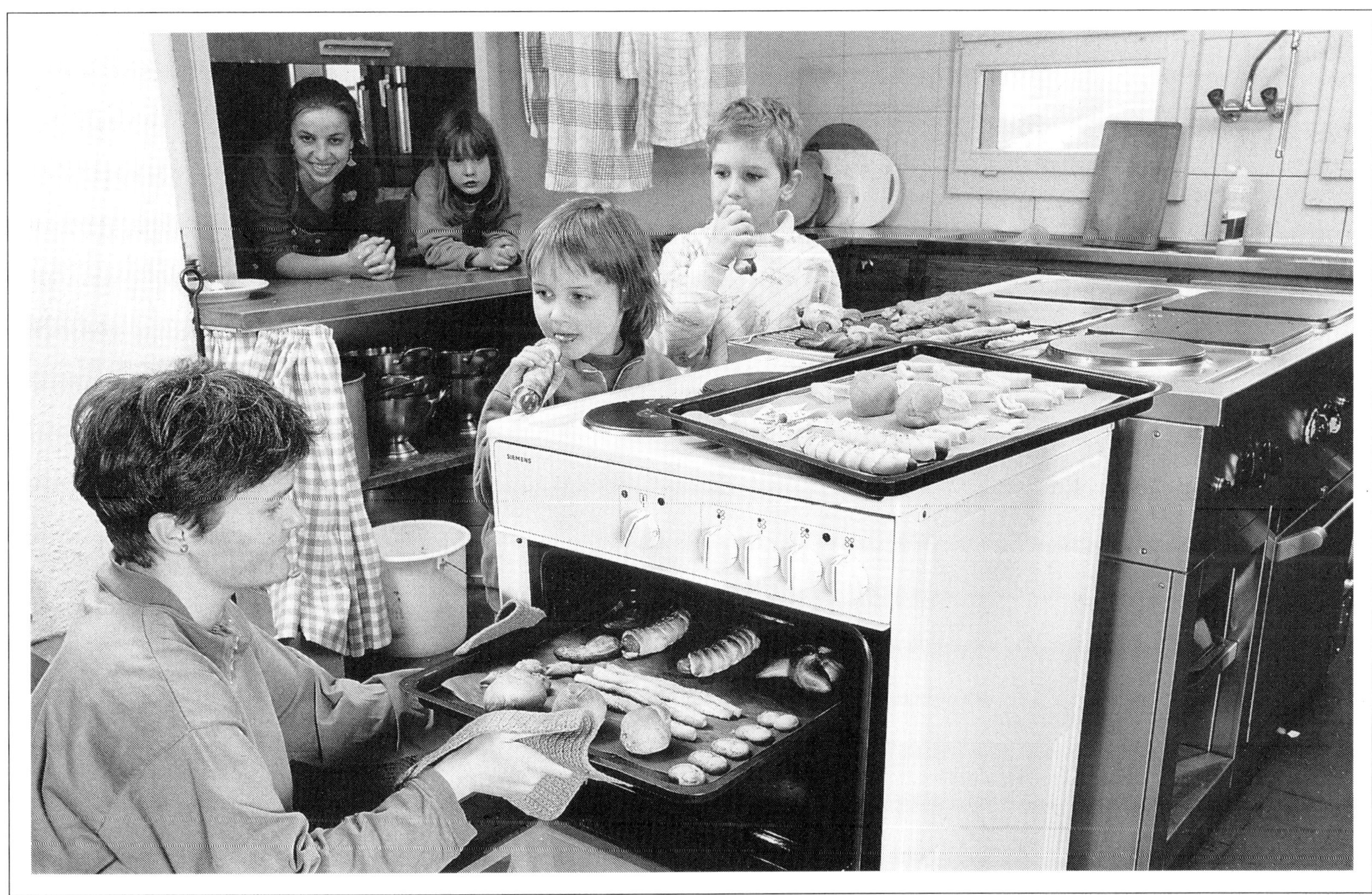

Das Essen am Morgen wird oft als Sprungbrett in den Tag bezeichnet. Geniesst dieses Essen und frühstückt kaiserlich! Esst am Morgen abwechslungsreich; neben Brot, Kaffee und Milch auch Flöckchen, Joghurt, Birchermüesli, Früchte! Eine gemütliche Atmosphäre am Frühstückstisch trägt dazu bei, den Tag positiv zu beginnen.

Frühstücksmengen pro Person

Schokoladegetränke: 2 - 3 dl
Butter: 15 - 20 g
Konfitüre: 20 - 30 g
Brot: 80 - 120 g

Tips

◆ Butter in kleine Portionen schneiden und auf Teller verteilen.

◆ Vollmilch aus der Alpkäserei oder vom Bauernhof mit etwas Wasser verdünnen, weil viele Personen nicht mehr an Vollmilch gewöhnt sind, was zu Unverträglichkeiten führen kann. Wenn Rohmilch eine Nacht ruhig gestanden ist, kann man am Morgen die Rahmschicht mit einem Löffel abschöpfen und den Rahm zum Verfeinern von Saucen usw. verwenden.

◆ Rohe Milch nur bis knapp vor dem Siedepunkt erhitzen. Damit die Milch nicht anbrennt, die Pfanne zuerst mit kaltem Wasser ausspülen.

◆ Die Milch ab und zu umrühren, damit sich keine Haut bildet.

◆ Ofenfrisches, warmes Brot wird in grossen Mengen gegessen. Es ist daher besser, Brot vom Vortag aufzuschneiden.

◆ Je grösser die Tassen im Ferienhaus, desto mehr Milch wird getrunken.

◆ Schokoladegetränk, das für die ganze Gruppe zubereitet wird, hilft Pulver sparen.

Ideen für das Frühstücksbuffet

Was heute in den besten Hotels Brauch ist, kommt auch in einem Ferienlager oder an einem Fest gut an: das reichhaltige Buffet.

Getränke: Kakao, Schokolade oder Malzgetränk, Früchtetee (für Kinder) oder Schwarztee, Orangensaft, Milchkaffee. Mengen siehe Seite 88.

Brote: Vollkornbrot, Spezialbrote der Region, Brötchen, Backpulverbrötchen (siehe Rezept), Butterzopf. 80 - 100 g pro Person.

Brotaufstriche: Butter, Konfitüre, Schokoladenaufstrich, Honig, Honig-Nussaufstrich (siehe Rezept), Kräuterquark. Mengen siehe Seite 88.

Milchprodukte: Joghurt, Sauermilch, Milch, Quark. 150 ml pro Person.

Müesli: Verschiedene Flöckchen (zum Selbermischen), Birchermüesli, Cornflakes. 20 g pro Person.

Fleisch/Eier/Käse: Schinken, Aufschnitt, Fleischkäse, 3-Minuten-Eier, Spiegeleier (nach Wunsch mit Speck), Verschiedene, weiche und harte Käsesorten. 30 - 40 g pro Person.

Einfaches Morgenessen

Schokoladegetränk und Milchkaffee, Brot, Butter, Konfitüre.

Sonntags-Morgenessen

Schokoladegetrank, Zopf oder Zopfgebilde (selbst gebacken), Butter, Honig, 2 - 3 verschiedene Konfitüren Käse.

Brunch

Schokoladegetränk, Tee, Milchkaffee, Orangensaft, verschiedene Brote, Spiegeleier, 3-Minuten-Eier oder gefüllte Eier, Käseplatte, Früchteschale, Flöckchen, Joghurt, kalte Milch, Birchermüesli, verschiedene Konfitüren, verschiedene Brotaufstriche, gefüllte Schinkenrollen, gefüllte Hobelkäserollen, gespritzte Tomaten, Gurkenscheiben, Radieschen, Nüsse, Rösti, gebratene Maisschnitten.

Anrichten

Bei grossen Gruppen lohnt es sich, das Brunch-Buffet doppelt aufzustellen, da sonst der Andrang zu gross ist.

Sinnvoll ist es, sich gruppenweise am Buffet zu bedienen.

Bei Sonnenschein und warmem Wetter ist es wunderschön, draussen zu brunchen.

Auf Tagesausflüge nehmen die TeilnehmerInnen das Essen im Rucksack mit. Unterwegs gibt es dann Picknick. Ein geeignetes Picknick soll folgende Punkte erfüllen:

◆ Alle Nährstoffe müssen in ausgewogener Form enthalten sein; neben Eiweiss- und Stärkelieferanten auch Gemüse und Früchte.

◆ Die Nahrungsmittel sollten leicht sein im Gewicht; fest, haltbar und nahrhaft (harte Früchte, hartes Gemüse).

◆ Appetitliches Aussehen und Abwechslung ist auch beim Picknick wichtig.

◆ Unterwegs braucht es genügend Getränke (1 Liter Tee pro Person).

◆ Gebt möglichst keine Fertigprodukte (Büchsen) mit.

◆ Verwendet sinnvolles, umweltgerechtes Verpackungsmaterial.

Tips

Stellt den Lunch so zusammen, dass die Nahrungmittel aufbewahrt oder für das Abendessen weiterverwendet werden können, falls der Ausflug wegen schlechten Wetters ausfällt.

Lasst den Abfall wieder zum Lagerort zurücktragen. Verwendet Lunchsäcke mehrmals. Sammelt ein, was vom Lunch übriggeblieben ist.

Lunchverteilung

Das Küchenteam richtet für alle TeilnehmerInnen ein fertiges Lunchpaket oder stellt die verschiedenen Lunchzutaten auf einem Tisch in einzelnen Schachteln bereit. Alle stellen sich den Lunch an einem solchen Selbstbedienungsbuffet selber zusammen. Schreibt Mengen vor: z. B. 1 Schokoladenriegel pro Person. Noch besser ist es, wenn jemand dabei steht und bei der Verteilung hilft.

Tee

Frühzeitig zubereiten. Er kann individuell abgefüllt werden. Trichter bereithalten!

Eiweisslieferanten

Milchprodukte: Käse, Streichkäse. **Eier:** hartgekochte Eier. **Fleisch:** Schinken, Fleischkäse, Aufschnitt. **Würste:** verschiedenene Würste (Cervelats, Bratwürste, Wienerli, Landjäger). **Gebratenes:** Hühnerschenkel, Schnitzel, aufgeschnittener Braten, Hamburger.

Stärkelieferanten

Verschiedene Brote, Sandwichbrötchen, Salate in geeigneten Gefässen: Reissalat, Hörnlisalat, Kartoffelsalat.

Zwischenverpflegung

Gemüse: Karotten, Zucchini, Gurken, Essiggurken. **Früchte:** Äpfel, Birnen, Orangen, feste Nektarinen. **Kuchen:** Cake, Biscuits, Gebäck, Lebkuchen. **Snacks:** verschiedene Schokoladeriegel (Mars, Twix), Müeslistengel, Ovo-Sport, Tafelschokolade, Dörrfrüchte, Früchtebrot, Nüsse, Dörrfrüchte-Nuss-Mischung, Brot, Knäckebrot, Zwieback.

Getränke

Tee mit Zitrone.
Süssmost und Süssmost-Konzentrat (Apfelsaft)
Ice-Tea (Ice-Tea-Pulver für längere Touren).

Brotaufstriche

Butter oder Senf, Senf und Butter gemischt, hausgemachte Kräuterbutter, hausgemachte Mayonnaise mit Quark oder eventuell mit Curry gewürzt, Streichkäse.

Käsebrötchen

Aufstrich nach Wahl wie Senfbutter, Kräuterbutter, Käsescheiben, eventuell Reste von einer Käseplatte. Nach Belieben Tomaten, Salzgurken.

Kräuterquark-Brötchen

Brot mit Kräuterquark bestreichen.
Nach Belieben mit Käse-, Tomaten-, Gurkenscheiben verzieren.

Aufschnittbrötchen

Aufstrich nach Wahl: zum Beispiel Kräuterbutter, Kräuterquark.
Nach Belieben Tomaten, Gurken, oder Essiggurken beifügen.

Salami-/Schinkenbrötchen

Aufstrich nach Wahl: zum Beispiel Senfbutter.
Nach Belieben Tomaten, Gurken, oder Essiggurken auflegen.

Eierbrötchen

1 Portion	hausgemachte Quarkmayonnaise S. 20	in eine Schüssel geben
6 - 8	Eier	hart kochen, fein hacken, daruntermischen.
1 El	evtl. gehackte Kräuter	
1 Tl	evtl. Curry, Salz, Pfeffer	daruntermischen, auf die Brotscheiben streichen.

◆ Tomatenscheiben oder Salatblätter dazwischenlegen.
◆ Nach Belieben Käsereste fein hacken und unter die Eimasse mischen.

Hamburger

10	Hackfleischplätzchen (siehe Rezept)	
10	Hamburgerbrötli oder	
20	Scheiben Ruchbrot	
10	Salatblätter	
1 - 2	Tomaten in Scheiben	
2	Essiggurken in Scheiben	
1	Zwiebel in Ringen	auf die Brötchen legen, mit den Hackfleischplätzchen in die Brötchen geben.
	Ketchup oder Senf	auf dem Salat verteilen.

◆ Kann warm oder kalt gegessen werden.

Hamburgerbuffet

Die verschiedenen Zutaten (Hamburger, verschiedene Brote, verschiedene Saucen, Zwiebeln, Tomatenscheiben, Essiggurken, Käse) stehen auf einem Tisch bereit, alle stellen sich ihren Hamburger selbst zusammen. Dazu verschiedene Salate servieren.

◆ Zum Dessert eignet sich ein Milchshake.

Mengen für Lunch

Pro Person für ein Picknick:
80 - 100 g Brot (1 - 2 belegte Brote)
30 - 40 g Käse und Fleisch
zusätzlich Obst, Gemüse, Zwischenverpflegung.

 **R**este immer kühl und zugedeckt aufbewahren und dann möglichst schnell weiterverwenden.
Im Zweifelsfall Reste lieber wegwerfen, als etwas riskieren, vor allem im Zeltlager.

Ideen in Stichworten

Aus Brot

Vogelheu, Apfelrösti, Brotauflauf, Käseschnitten, Knoblauchbrot, Toastbrot, Toast, Suppe mit gerösteten Brotwürfeln (Tomatensuppe, klare Suppe, Brotsuppe), Hackfleischplätzchen.

Mit Reis

Salat zubereiten.
Oder den noch warmen Risotto zu Tätschli (Bratlingen) formen, am nächsten Tag im Ofen backen oder in der Pfanne braten.

Mit Gemüse

Salat daraus zubereiten.
Oder in einer Suppe weiterverwenden, kleingeschnitten oder püriert.

Aus Kartoffeln

Kartoffelpüree, Kartoffeltätschli (flache Bratlinge), Kartoffeln mit Milchwasser verdünnen und eine Kartoffelsuppe daraus zubereiten.

Ofentori

Kartoffelpüreereste mit ca. 150 g gebratenen Speckwürfeli und 200 g Reibkäse mischen, in eine gefettete Auflaufform füllen, dann bei 200° C ca. 20 - 30 Min. backen.

Teigwaren

Als Salat weiterverwenden und mit neuen Zutaten ergänzen.
Klein schneiden und als Suppeneinlage weiterverwenden.
Noch einmal in heisser Butter braten.

Salate

Reste von Blattsalaten können schlecht weiterverwertet werden, da sie sehr schnell welk und unansehnlich werden.
Wurzelsalate: Rote Bete (Randen), Sellerie, Karotten, können gut am nächsten Tag noch einmal serviert werden, eventuell nachwürzen.
Tomaten- und Gurkensalat nur kurz aufbewahren, Saft abgiessen.

Eher zuwenig als zuviel Salat zubereiten. Besser ist es, gerüsteten Salat und Salatsauce getrennt bereitzuhalten und bei Bedarf nachzumischen.

Milch

Zum Kochen weiterverwenden.

Butter

Zum Kochen weiterverwenden.

Restegratin

Reste von Gemüse, Kartoffeln, Teigwaren oder Reis in eine gefettete Auflaufform füllen. Einen Guss aus Eiern, Milch, Rahm, Quark, Gewürzen und geriebenem Käse zubereiten, darübergiessen und im Ofen ca. 30 - 45 Min. bei 200° C backen.

Gemüse-Dips

Saisongemüse verwenden (siehe Tabelle "Saisongemüse"): Es eignen sich: Karotten, Blumenkohl, Zucchetti, Rettich, Gurken, Peperoni, Stangensellerie.

Waschen, evtl. schälen, in gleichmässige Stengel von ca. 7 x 0,5 cm schneiden.
Auf Teller oder Platten hübsch anrichten.
Verschiedene Saucen, in Schälchen angerichtet, dazuservieren.

Currymayonnaise, **Rosa Mayonnaise:**
siehe Rezept Salatsaucen S. 19.

Kräuterquarksauce

500 g	Quark	
1 - 2 El	Milch	
1 - 2 El	Mayonnaise, Rahm oder Sauerrahm	
	wenig Kräutersalz, Pfeffer, Paprika	
2 - 3 El	frisch gehackte Kräuter	gut miteinander vermischen.

Knoblauchsauce

Sie wird wie Kräuterquarksauce zubereitet, jedoch anstelle der Kräuter 1 - 2 gepresste Knoblauchzehen beigeben.

Käsesauce

Wie Kräuterquarksauce zubereiten, jedoch anstelle von Kräutern 1 - 2 El geriebenen Käse oder Gorgonzola daruntermischen, eventuell noch 1 El gemahlene Nüsse beigeben.

Tartarsauce

2 hartgekochte Eier, 2 Essiggurken, 1 Zwiebel und 2 El Kräuter fein hacken und unter 1 Portion Mayonnaise (siehe S. 20) mischen.

Melonen-Schiffchen

2	Melonen	in Schnitze schneiden, Kerne entfernen. Fruchtfleisch mit einem Messer vorsichtig von der Schale lösen, jedoch nicht entfernen,
einige	Kirschen, Trauben oder andere Fruchtstückli	an den Zahnstocher befestigen, auf die Melone
10	Zahnstocher	stecken, servieren.

Gurkenscheiben mit Käsehaube

(Auch für Tomaten, Radieschen, und Crackers geeignet)

250 g	Magerquark	
1 Tl	Senf	
	Kräutersalz, Pfeffer	
2 El	geriebener Käse oder Gorgonzola wenig Zitronensaft	zu einer cremigen, spritzfähigen Masse vermischen und in einen Spritzsack füllen.
	Gurken	waschen, evtl. schälen, in 1 cm dicke Scheiben schneiden, Käsecreme auf die Gurkenscheiben spritzen, garnieren.

Brötchen mit Schinkenmousse

10 Scheiben	Toastbrot oder Crackers	in Dreiecke schneiden
150 g	Rahmquark	
1 Tl	Senf	
	Pfeffer, Kräutersalz	
1 Tl	evtl. Zwiebel, ganz fein gehackt	
1 El	evtl. Kräuter, ganz fein gehackt	gut mischen
50 - 100 g	Schinken, fein gehackt	evtl. im Mixer pürieren.

Die Brötchen mit dem Mousse bestreichen, oder Mousse mit dem Spritzsack aufspritzen, garnieren, zu den Brötchen Salat servieren.

Blätterteiggebäck

Blätterteig 2 - 3 mm dick auswallen, auf das Blech legen und den Teig mit verklopftem Ei bestreichen.
Verschiedene Formen ausschneiden: Dreiecke, Stengel, Quadrate, Windrädchen.
Die ausgeschnittenen Formen benötigen keinen Abstand, da sich der Blätterteig beim Backen zusammenzieht.
Garnituren: Mohnsamen, Sesam, Mandel, Kümmel, geriebenen Käse darüberstreuen.

Backen: ca. 10 - 12 Min. bei 200° C in der Ofenmitte.
Windrädchen siehe Zeichnung.

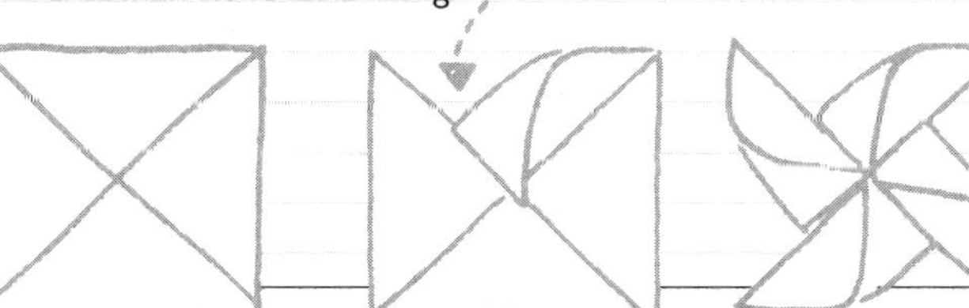

Prussiens mit Käse

Blätterteig 2 - 3 mm dick zu einem Rechteck auswallen. 4 El Reibkäse, wenig Paprika und Pfeffer darüberstreuen, mit dem Wallholz überrollen, den Teig von beiden Seiten gegen die Mitte einschlagen oder aufrollen, in 4 - 5 mm dicke Scheiben schneiden. Backen: bei 200° C 4 - 8 Min.

Prussiens mit Schinken

Blätterteig statt mit Käse mit Schinkenscheiben belegen.

Gefüllte Tomaten

10	Tomaten	waschen, mit einem gezackten Messer Deckel abschneiden, dann mit einem Teelöffel aushöhlen und das Tomatenmark für eine Sauce oder Suppe weiterverwenden.

Geeignete Füllungen: Hüttenkäse mit Kräutern und Quark, Thunfischsalat, Reissalat

◆ Mit einigen Salatblättern servieren.

R ohkost sollte täglich ein- bis zweimal im Menüplan eingebaut werden, entweder als Salat oder in Form einer Frucht. Rohes Gemüse und Früchte sind wichtige Vitaminspender und Lieferanten von Nahrungsfasern. Sie wirken erfrischend und regen die Verdauungssäfte an. Sie sollten daher als Vorspeise serviert werden. Im Sommer ist das Angebot sehr vielseitig und farbenfroh. Im Winter ist es schwieriger, aber mit etwas Phantasie kann man auch im Winter feine Salate auf den Tisch bringen.

Salate, die stärkehaltige Nahrungsmittel aufweisen, wie Reissalat (S. 20) oder Kartoffelsalat (S. 37) finden sich im entsprechenden Kapitel.

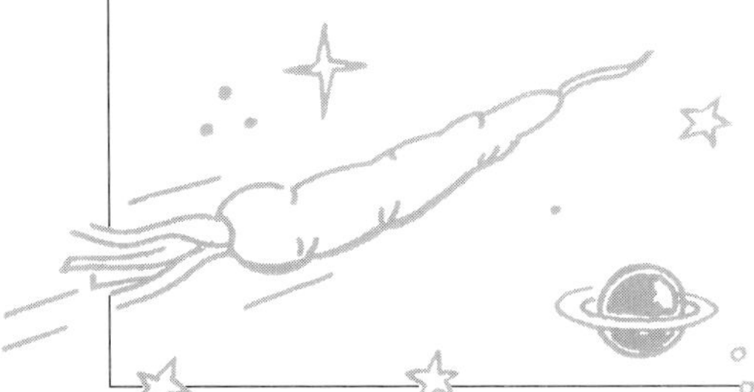

Grundsauce für Salat (1 - 2 Liter)

3 El	Senf	
	Kräutersalz, Pfeffer,	
	frische Kräuter	
500 g	Joghurt nature oder Quark	
1/2 l	Gemüsebouillon	
5 dl	Essig	
5 dl	Öl	alles gut miteinander mischen.

Nach Belieben mit gepressten Knoblauchzehen, gehackten Zwiebeln, Mayonnaise und Rahm ergänzen.

Italienische Salatsauce

4 - 6 El	Rotweinessig
8 - 10 El	Olivenöl oder anderes Öl
	Salz, Pfeffer

Nach Wunsch gehackte Zwiebeln oder 1 - 2 gepresste Knoblauchzehen und frisch gehackte Kräuter beigeben.

Kopf-/Blattsalate

2 - 3	Kopfsalate	in einzelne Blätter teilen, die welken und die zähen Blätter entfernen. Die anderen Blätter gut waschen und abtropfen.

◆ Die Salatblätter erst kurz vor dem Essen in mundgerechte Stücke teilen und mit der Sauce mischen.
◆ Grünen Salat nach Belieben mit Tomatenscheiben, Radieschen, gehackten Eiern, gerösteten Brotwürfeln, Karottenstreifen, frischen Kräutern ergänzen.
◆ Bittere Salate (Endiven, Brüsseler …) kurz in lauwarmes Wasser einlegen.
◆ Bei Ungeziefer und Läusen den Salat kurz im Salzwasser waschen, dann noch einmal spülen.
◆ Blattsalate nach dem Waschen immer gut abtropfen, sonst wird die Salatsauce wässrig und fad.

Grüner Salat mit gerösteten Sonnenblumenkernen

2 - 3 El	Sonnenblumenkerne	in einer Bratpfanne ohne Fettzugabe hellbraun rösten
1 El	Sojasauce	dazugeben, kurz mischen, auf
	wenig Curry	einem Teller auskühlen lassen und über den angerichteten Salat streuen.

◆ Geröstete Sonnenblumenkerne, auf diese Art zubereitet, eignen sich auch ausgezeichnet für einen Apéro!

Mayonnaise Grundrezept

I	Eigelb (wenn im Mixer zubereitet, ganze Eier verwenden)	
I Tl	Senf	
	Salz, Pfeffer, Paprika	in einer kleinen Schüssel
I Tl	Zitronensaft oder Essig	gut verrühren
3 - 4 dl	Öl	unter tüchtigem Schwingen zuerst tropfenweise, dann im Faden zum Eigelb geben
300 - 400 g	Magerquark	dazumischen, mit
	Salz, Pfeffer, Paprika	
	evtl. Kräutern	abschmecken.

◆ Wichtig! Eier und Öl müssen die gleiche Temperatur aufweisen!

Rosa Mayonnaise: 2 El Tomatenpüree oder Ketchup, evtl. einige Tomaten- oder Paprikawürfelchen (in der Schweiz: Peperoni) daruntermischen.

Curry-Mayonnaise: I - 2 El mildes Currypulver, I geraffelter, säuerlicher Apfel, 1/2 zerdrückte Banane, I El geröstete Kokosflocken dazumischen.

Wurst-Käse-Salat

I Portion	Salatsauce nach Wahl	
I - 2	Zwiebeln, gehackt	beifügen
5	Cervelats	in Würfel schneiden, beigeben
300 - 400 g	Käse, z. B. Tilsiter, Greyerzer	
2 - 4	Essiggurken	schneiden, beifügen, mischen
I - 2	Tomaten	in Scheiben schneiden, garnieren.

◆ Brot oder Pellkartoffeln dazu servieren.

◆ Eignet sich gut, um Wurst- und Käseresten zu verwerten.

Teigwarensalat/Reissalat

500 g	Teigwaren/Reis, gekocht	
	Käse	
	gekochte Eier	
	Fleischkäse, Schinken	
	Fleischresten	
	gebratenes Hühnerfleisch	
	Thunfisch	
	Essiggurken, Oliven, Pilze	
	Paprika (Peperoni)	
	Tomaten	
	Zwiebeln, Knoblauch	
	Nüsse	
	Früchte	nach Belieben klein schneiden und dazumischen

◆ Auch für Reste gut geeignet.

Salatsauce: Nach Wunsch eventuell Rahm, Ketchup und frische Kräuter daruntermischen.

Für Reissalat Salatsauce mit Curry und Mayonnaise zubereiten.

Alles gut miteinander vermischen, auf Salatblättern anrichten.

Salate aus Wurzelknollen

Wurzelknollen sind: Sellerie, Karotten, Rote Bete (Randen).

Rohe Wurzel-Salate, die fein geraffelt werden, saugen viel Sauce auf. Daher eine grössere Menge Salatsauce zubereiten und die Wurzelknollen direkt in die Sauce raffeln.

◆ Wurzelsalate werden aromatischer und weicher, wenn sie 1/2 - I Std. mit der Sauce gemischt stehen gelassen werden.

Karottensalat

1/2 Tl	Zucker	
1/2 dl	Essig oder Zitronensaft	
500 g	Joghurt nature	
2 El	evtl. Sojasauce	alle Zutaten gut miteinander
	Salz, Streuwürze	verrühren
1,5 kg	Karotten	waschen, evtl. schälen, direkt in die Sauce raffeln, etwas stehen lassen
3 - 4 El	gehackte Nüsse	
1 - 2 El	gehackter Schnittlauch	darüberstreuen.

◆ Nach Belieben 1 - 2 säuerliche Äpfel daruntermischen.
◆ Eine gewöhnliche Salatsauce mit Knoblauch passt auch sehr gut.

Tomatensalat

10	Tomaten	waschen, Stielansatz herausschneiden, in Scheiben schneiden und auf einer flachen Platte schön anrichten
1 Portion	italienische Salatsauce mit Knoblauch, Zwiebeln und frischem Basilikum	über die Tomaten giessen, einige Minuten ziehen lassen.

◆ Auch eine gewöhnliche Salatsauce eignet sich für Tomatensalat.

Gurkensalat

2 - 3	Gurken	waschen, evtl. schälen, in dünne Scheiben schneiden, mit
1 Portion	Salatsauce mit viel Joghurt nature	mischen
1 El	evtl. Dill, gehackt	über den fertigen Salat streuen.

◆ Gurken enthalten sehr viel Wasser. Wird der Salat zu lange mit der Salatsauce vermischt stehen gelassen, zieht das Salz der Salatsauce das Wasser aus den Gurken. Die Salatsauce wird wässrig und fad. Gurkensalat deshalb erst kurz vor dem Essen mit der Sauce mischen.

Maissalat

1 Portion Salatsauce mit 1 - 2 El Curry und 4 - 5 El Mayonnaise zubereiten. Nach Wunsch 1 - 2 Bananen, Pfirsiche oder Äpfel schneiden und unter die Sauce mischen.
Maiskörner in ein Sieb abschütten und gut waschen, abtropfen lassen und mit der Sauce mischen.

Salate aus gekochtem Gemüse

So können gekochte Reste von Gemüse weiterverarbeitet werden. Wird der Salat aus frisch gekochtem Gemüse zubereitet, soll es knackig gekocht, gut abgetropft und noch warm mit der Salatsauce vermischt werden.

Früher hatten Suppen eine grössere Bedeutung in unserem Speisezettel als heute. Doch in einem Lager dienen sie immer noch als wichtiger Bestandteil, sei es zur Einleitung einer Mahlzeit, um den ersten grossen Hunger zu stillen oder auch als Hauptmahlzeit. Eine Suppe kann leicht oder auch nahrhaft sein, je nach den verwendeten Zutaten.

In Suppen lassen sich Reste ausgezeichnet verwerten. Achtet darauf, dass die Suppe immer appetitlich aussieht und gut abgeschmeckt ist.

Anstelle von Bouillon oder Wasser kann auch Gemüse-, Teigwaren- oder Kartoffel-Kochwasser weiterverwendet werden, das sehr mineralstoffhaltig ist.

Bouillon mit Einlage

1,5 - 2 l	Wasser	Bouillon aufkochen, Suppeneinlage beigeben, vom Herd nehmen und 4 - 5 Min. ziehen lassen, nicht mehr kochen.
1 - 2	Bouillonwürfel	

Mögliche Suppeneinlagen

Rohe Gemüsestreifen von Lauch, Sellerie, Karotten, Tomatenwürfel, Suppennudeln, Buchstabenteigwaren, gekochte Gemüse-, Reis- oder Teigwarenreste, frisch gehackte Kräuter, geröstete Brotwürfelchen aus altem Brot.

Kartoffelsuppe

Anstelle von Saisongemüse 300 - 400 g Kartoffeln verwenden, am Schluss 2 - 3 El Rahm daruntermischen und pürieren.

Klare Gemüsesuppe

2 El	Butter oder Öl	in einer Pfanne erwärmen
1	Zwiebel	hacken, beifügen
300 - 400 g	Saisongemüse	vorbereiten, fein schneiden, dazugeben, 2 - 3 Min. dämpfen
1,5 - 2 l	Wasser oder Bouillon	dazugiessen, 20 - 30 Min. köcheln lassen und
	frische, gehackte Kräuter	am Schluss daruntermischen.

Bündner Gerstensuppe

1 - 2 El	Öl oder Butter	in einer Pfanne erwärmen
100 g	Speckwürfeli	beifügen, glasig braten
100 g	Rollgerste	
1	Zwiebel, gehackt	
1	Lauchstengel	
1 - 2	Karotten	
1/2	Sellerie	Gemüse vorbereiten, schneiden, mit der Gerste unter ständigem Rühren dünsten, mit
3 l	Wasser	aufgiessen
1	evtl. mit Nelken besteckte Zwiebel	
1	Kalbsfüsschen	beigeben, mit
	Salz oder Bouillon, Pfeffer	würzen, 2 - 3 Std. kochen lassen
	evtl. wenig Rahm	zum Verfeinern untermischen.

Gemüsecremesuppe

I El	Öl oder Butter	in einer Pfanne erwärmen
I	Zwiebel	hacken, beifügen
400 - 500 g	verschiedenes Saisongemüse	
	oder nur eine Sorte	vorbereiten, schneiden, beifügen,
		2 - 3 Min. dämpfen, mit
6 dl	Wasser oder Bouillon	ablöschen, Gemuse 20 - 30 Min.
		weichkochen, pürieren
I El	Mehl	
2 dl	Milch	zusammen anrühren, unter ständi-
		gem Rühren in die Suppe einlaufen
		lassen, noch einmal aufkochen, mit
	Salz, Pfeffer	würzen, dann
	wenig Rahm	vor dem Servieren daruntermischen.

Gulasch-Suppe

I -2 El	Öl	erhitzen
500 g	Rindfleisch in kleinen Würfeln	kräftig anbraten
3 - 5	Zwiebeln	
2	Knoblauchzehen	schneiden, beifügen, gut andämpfen
2 - 3 Tl	Paprikapulver	beigeben, mitdämpfen, rasch mit
2,5 l	Bouillon oder Wasser	ablöschen, mit
	Pfeffer, Salz, Thymian, Majoran	würzen und die Suppe
		I 1/2 - 2 Std. köcheln lassen.
4	Tomaten (evtl. Tomatenpuree)	vorbereiten, schneiden
5	Kartoffeln	in den letzten 30 Min. mitkochen
	evtl. Paprika (Peperoni), Karotten	
I - 2 dl	evtl. Sauerrahm	am Schluss daruntermischen
		oder dazuservieren.

Hafersuppe

I - 2 El	Öl oder Butter	in einer Pfanne erwärmen
4 - 5 El	Haferflocken	beifügen, I -2 Min. dünsten
	evtl. wenig geschnittenes Gemüse	
	(Lauch, Karotten, Sellerie, Zwiebel)	dazugeben, mitdünsten
1,5 - 2 l	Bouillon oder Milchwasser	dazugiessen
		20 - 30 Min. köcheln lassen, mit
	frischen Kräutern,	
	evtl. Salz, Pfeffer	abschmecken.

◆ Hafer durch Griess, Hirse oder Mais ersetzen.

Fertigsuppen

Fertigsuppen sind schnell und praktisch. Sie sollten jedoch nur im Notfall in den Menüplan eingebaut werden, da es sich um ein Fertigprodukt mit vielen künstlichen Zusatzstoffen handelt, wie chemischen Aromastoffen, Bindemitteln, Konservierungsmitteln und Geschmacksverstärkern. Diese Zusatzstoffe sind für eine gesunde Ernährung nicht förderlich.

Brotsuppe (Resteverwertung)

2 - 3	Scheiben altes Brot	in kleine Stücke schneiden
I	Zwiebel, gehackt	
I - 2 El	Butter	schmelzen, Zwiebel und Brot
		zusammen andünsten
1,5 l	Bouillon	dazugiessen, mit
	wenig Salz, Pfeffer, Muskat	würzen, 10 - 15 Min. köcheln, mit
		dem Schwingbesen verrühren
		oder mit dem Mixer pürieren
	evtl. wenig Rahm	zum Verfeinern beigeben.

GROSSE MAHLZEITEN

Wie oft und wieviel Fleisch braucht der Mensch? Diese Frage stelle ich mir, wenn ich als Köchin oder als Koch den Menüplan für eine grössere Gruppe von Kindern, Jugendlichen oder Erwachsenen zusammenstelle. Die Antwort kann unter verschiedenen Aspekten gegeben werden:

Fleisch ist teuer, besonders die Stücke vom Hinterviertel. Preisgünstiges Fleisch ist ebenso vielseitig verwendbar wie teures und lässt sich ausgezeichnet zubereiten. Wenn Männer behaupten, sie bräuchten mehr Fleisch, um mehr zu leisten, stimmt das vielleicht für ihr Gefühl und ihre Gewohnheit. Von der Ernährung her ist es jedoch für jeden Menschen absolut genügend, einmal am Tag oder nur zwei- bis dreimal die Woche Fleisch zu essen. Kinder lieben besonders Fleischgerichte mit Saucen. Diese sind auch günstiger, da Kindern viel Sauce wichtiger ist, als eine grosse Menge Fleisch.

Berücksichtigt die kleine Metzgerei im Dorf! Bevorzugt Inlandfleisch!

Tips zur Fleischzubereitung

◆ Würzen: Alle Gewürze in einem Gefäss mischen und dann über das Fleisch verteilen.

◆ Fleischstücke erst kurz vor dem Anbraten salzen. Salz entzieht dem rohen Fleisch den Saft und trocknet es aus.

◆ Zum Anbraten hitzebeständiges Öl oder Fett verwenden: Erdnuss-, Raps-, und Sonnenblumenöl oder eingesottene Butter.

◆ Grosse Mengen Fleisch portionenweise anbraten, da das Fleisch sonst Saft zieht und die Krustenbildung erschwert wird.

◆ Ist keine Bratpfanne vorhanden, Zwiebeln, Gemüse oder andere feste Zutaten im Öl andämpfen, Flüssigkeit zugeben, aufkochen, erst jetzt das Fleisch in die heisse Flüssigkeit geben und garkochen.

Binden von Saucen

◆ Zum Binden von Saucen wird Stärkemehl (Maismehl) oder Mehl verwendet.

◆ Leicht gebundene Sauce: Mehl wird beim oder nach dem Anbraten über das Fleisch gestreut (z. B. für Geschnetzeltes, Fleischragout).

◆ Gerichte mit gebundenen Saucen brennen in grösseren Mengen und bei längerer Kochzeit gerne an. In diesem Fall das Fleisch mit ungebundener Flüssigkeit weichkochen und erst am Schluss binden. Achtung! Stärkemehl oder Mehl immer mit kalter Flüssigkeit anrühren und in die kochende Flüssigkeit einlaufen lassen, sonst gibt es Klumpen. Wird der Fond (Kruste, die nach dem Anbraten von Fleisch in der Pfanne zurückbleibt) mit Flüssigkeit (Wein oder Bouillon) aufgelöst, ergibt dies eine gute Basis für eine geschmackvolle Sauce. Durch zu starke Hitze wird der Fond bitter!

Wiener Rahmgulasch

ca. 1 kg	Schweinsragout	in kleinen Würfeln
1/2 Tl	Salz	zusammen mischen,
1 Tl	Paprika, Pfeffer	
2 El	Mehl	über das Fleisch streuen, einreiben
2 El	Öl	in einem Brattopf erhitzen,
		Fleisch portionenweise anbraten
1	Zwiebel, gehackt	
2	Knoblauchzehen, gehackt	zum Fleisch geben, mitdämpfen
1/2	Zitronenschale, gerieben	beigeben, wenden, mit
1 dl	Weisswein	ablöschen, wenig einkochen lassen
3 - 4 dl	Bouillon	dazugiessen, ca. 45 - 60 Min.
		zugedeckt schmoren lassen
1 dl	Rahm und	miteinander verrühren, unter Rühren
1 1/2 Tl	Stärkemehl	in die kochende Flüssigkeit
		giessen, kurz aufkochen, servieren.

◆ Spätzle (Knöpfli) oder Kartoffelstock dazu servieren.

Panierte Schnitzel

10	Schnitzel (Schwein oder Truthahn) mit	
	wenig Zitronensaft	beträufeln
	Salz, Paprika, Pfeffer	würzen
3 - 4 El	Mehl	Schnitzel zuerst im Mehl, dann
2	Eier	im Ei und am Schluss im Paniermehl
4 - 6 El	Paniermehl	wenden, gut andrücken
4 - 5 El	Öl	erhitzen, Schnitzel auf mittlerer
		Stufe beidseitig goldbraun 6 - 8 Min.
		braten, mit
	Zitronenscheiben, Petersilie	garnieren.

Schnitzel in Sesam- oder Nussmantel

Anstatt 4 - 6 El Paniermehl, nur 3 El Paniermehl gemischt mit 2 El Sesam oder gemahlenen Nüssen/Mandeln verwenden.

Piccata

3 - 4 El	Mehl	Schnitzel darin wenden
2 - 3	Eier	in einem Teller verquirlen
3 El	geriebener Sbrinz	dazugeben, mischen,
		Schnitzel darin wenden
3 El	Öl	erhitzen, Piccata auf mittlerer Stufe je
		3 - 4 Min. beidseitig goldbraun braten.

◆ Würzen wie panierte Schnitzel.

Rindsschnitzel im Saft (Saftschnitzel)

10	dünn geschnittene Rindsschnitzel	
1 1/2 El	Senf	
	Pfeffer, Majoran, Salz, Paprika	
	Thymian	Senf mit den Gewürzen mischen
		und Schnitzel damit bestreichen
2 - 3	Zwiebeln, gehackt	mit dem Fleisch in eine
		Pfanne einschichten
2 - 3 dl	Bouillon, evtl. 1 dl Rotwein	dazugiessen
2 - 3 El	Tomatenpüree	beigeben, auf kleinem Feuer ca.
		1 - 1 1/2 Std. schmoren lassen,
		Schnitzel nach der 1/2 Kochzeit
		wenden.

◆ Nach Belieben Speckwürfel, frische Pilze, Tomaten, Lauch, Karotten und frische Kräuter mit den Zwiebeln einschichten.

Hackbraten

3	Brotscheiben	zerkleinern, mit heissem Wasser übergiessen
1	Zwiebel	fein hacken, evtl. an der Bircherraffel reiben
1	evtl. Knoblauchzehe, gehackt frische Petersilie	in eine Schüssel geben
400 g	gehacktes Rindfleisch	
400 g	gehacktes Schweinefleisch	
200 g	Kalbsbrät	
1 - 2	Eier Salz, Pfeffer, Paprika, Rosmarin, Thymian	alles dazugeben, gut würzen
	eingeweichtes Brot	Wasser abgiessen, Brot sehr gut ausdrücken, fein hacken, zugeben, die Masse mit den Händen gut kneten, bis sie zusammenhängend und fein ist
3 - 4 El	Öl	in einer Bratpfanne erhitzen, Hackbraten vorsichtig rundherum anbraten
1	Bratengarnitur	zugeben, mitbraten
2 - 3 dl	Bouillon	dazugiessen, zugedeckt 50 -60 Min. schmoren lassen. Flüssigkeit kontrollieren, 5 Min. ruhen lassen, Fleisch schneiden Sauce absieben
	evtl. Rahm	zum Verfeinern beigeben.

◆ Nach Belieben feingeschnittenes, gedämpftes Gemüse unter die Fleischmasse kneten.

Bratengarnitur: Mit Nelke besteckte Zwiebel, Lorbeerblatt, Gemüsestücke und evtl. abgespülte Knochen zur Aromabildung.

Hackbraten im Ofen: Geformter Braten in eine gefettete Form legen, Bouillon dazugiessen, in den heissen Ofen (220° C) schieben und 40 - 60 Min. schmoren lassen.

◆ Hackbraten kann auch ohne Sauce in der Cakeform gebacken werden!
◆ Reste vom Hackbraten für Sandwiches verwenden.

Hackfleischplätzchen

1 Portion	Hackbratenmasse	mit feuchten Händen flache Plätzchen formen
2 - 3 El	Öl	erhitzen, Plätzchen darin langsam bei niedriger Temperatur braten ca. 10 - 15 Min.

◆ Langsam und bei niedriger Temperatur braten ist wichtig, sonst werden die Hackfleischplätzchen aussen schwarz und bleiben innen roh.
◆ Nach Belieben eine Sauce dazu servieren.

Rahmschnitzel

10	Schweinsschnitzel	mit
	Salz oder Kräutersalz,	
	Pfeffer, Paprika	würzen, mit
	wenig Zitronensaft	beträufeln
3 - 4 El	Mehl	Schnitzel darin wenden
2 - 3 El	Öl	in einer Bratpfanne erwärmen
		Schnitzel auf jeder Seite
		1 - 2 Min. braten, warmstellen
200 - 300 g frische Champignons,		
	geschnitten	in die Pfanne geben, dämpfen
1 dl	Weisswein	
1 dl	Bouillon	dazugiessen, kurz einkochen lassen
1,5 dl	Rahm	Rahm und Stärkemehl gut
3 El	Stärkemehl	miteinander anrühren, in die
		kochende Sauce einlaufen lassen,
		unter ständigem Rühren auf-
		kochen, 1 - 2 Min. köcheln lassen.

Servieren: Die Sauce über die Schnitzel verteilen oder die Schnitzel
in der Sauce noch einmal kurz erwärmen.
Achtung! Durch zu langes Kochen verliert Stärkemehl seine Bindefähigkeit.

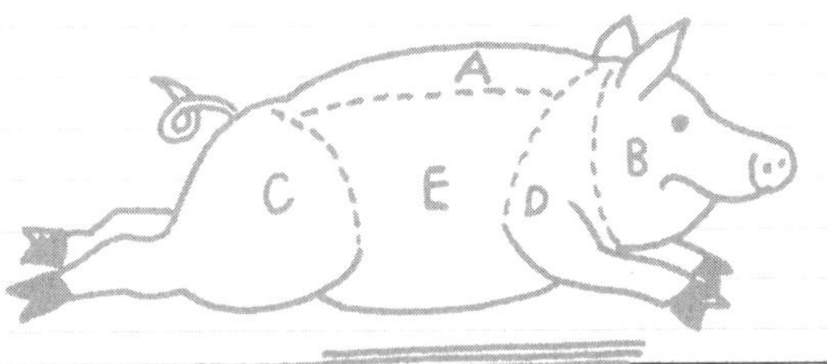

Geschnetzeltes (Grundrezept)

2 El	Öl	in einer Bratpfanne erhitzen
800 g	Geschnetzeltes	portionenweise anbraten
1	Zwiebel, gehackt	zugeben, kurz mitdünsten
2 - 3 El	Mehl	darüberstreuen, gut mischen
4 - 6 dl	Bouillon	dazugiessen, aufkochen, auf
		kleiner Stufe fertigkochen, mit
	Pfeffer, Paprika, Thymian,	
	Rosmarin, evtl. Salz	würzen, dann
1/2 dl	evtl. Rahm	vor dem Anrichten darunterziehen.

Kochzeit: Schweinefleisch: 15 - 20 Min. / Rindfleisch: 30 - 40 Min. /
Hühnerfleisch: 5 - 10 Min.

Geschnetzeltes mit Curry (Schweine- oder Hühnerfleisch)

2 - 3 El	milder Curry	mit dem Mehl dünsten.

Geschnetzeltes mit Champignons

200 g	frische Champignons,	
	geschnitten	mit den Zwiebeln mitdämpfen.

Geschnetzeltes Rindfleisch Tessiner Art

50 g	Speckwürfel	mit dem Fleisch anbraten
4	Tomaten, in Würfeln	in den letzten 15 - 20 Min. mitkochen.

Geschnetzeltes Hühnerfleisch an Kräuterrahmsauce

Am Schluss 1 dl Rahm und 2 - 3 El frischgehackte Kräuter in die Sauce geben, sofort servieren.

Geschnetzeltes mit Gemüse

100 - 200 g	Gemüsestreifen	
	(Karotten, Lauch, Paprika)	mit den Zwiebeln mitdämpfen.

Hackfleisch (Grundrezept)

1 - 2 El	Öl	in einer Bratpfanne erhitzen
600 - 700 g	Hackfleisch	portionenweise bei guter Hitze rasch anbraten
1	Zwiebel, gehackt	dazugeben, mitdämpfen
4 - 5 dl	Bouillon	dazugiessen, aufkochen, mit
	evtl. Salz, Pfeffer, Rosmarin	
	Majoran, Paprika	würzen
		10 - 15 Min. köcheln lassen.

Hackfleisch mit Tomaten

2 - 3	Tomaten oder	
	2 - 3 El Tomatenpüree	mit der Sauce kochen.

Hackfleisch mit Pilzen

200 g	frische Champignons,	
	geschnitten	mit den Zwiebeln mitdämpfen.

WÜRSTE ZUM SIEDEN

Wurstwaren: Wienerli, Schweinewürste, Schüblig, Rauchwürste.
Achtung: Würste nie in kochendes Wasser, sondern nur in heisses Wasser legen, sonst zerspringen oder platzen sie. Auf kleiner Stufe ziehen lassen.
Kochzeit: Wienerli, Frankfurter 10 Min. / Schweinewürstchen 15 Min. / Schüblig, Rauchwürste und Saucissons 20 - 30 Min.

◆ Würste können auch in einer fertigen Suppe erwärmt werden.

 # FLEISCHGERICHTE UND EINTÖPFE

Bratwürste mit Sauce

10	Bratwürste	einstechen, damit sie nicht aufspringen
2 - 3 El	Öl	erhitzen, Bratwürste ca. 10 Min. gleichmässig anbraten, aus der Pfanne nehmen
2 - 4	Zwiebeln, in Ringen	im restlichen Öl goldbraun braten
2,5 El	Mehl	darüberstreuen, gut mischen, hellbraun rösten
5 dl	Bouillon	dazugiessen, Bratwürste in die Sauce legen, auf kleiner Stufe abgedeckt 15 - 20 Min. köcheln, mit
	Salz, Pfeffer, frischen Kräutern	abschmecken.

◆ Anstelle von Mehl und Bouillon Fertig-Bratensauce verwenden.

Würstchen im Blätterteig

500 g	Blätterteig	zu einem Rechteck auswallen, 2 mm dick
2 - 3 El	Senf	Teig damit bestreichen, dann in 2 cm breite Streifen schneiden
10 Paar	Wienerli	mit den Teigstreifen umwickeln, mit den Verschlüssen nach unten auf ein Blech legen
1	Ei	verklopfen, Würstli damit bestreichen
	evtl. Mohnsamen, Sesam	darüberstreuen. Backen: 15 - 20 Min. bei ca. 200° C

EINTÖPFE MIT FLEISCH

Nasi goreng, Mah-Meh und Chili con carne – siehe Kapitel "Aus fernen Ländern".

Pilaw

2 El	Öl	in einer Bratpfanne erhitzen
50 - 100 g	Speckwürfel	glasig braten, herausnehmen
800 g	Schweinefleisch (1 x 1 cm-Würfel)	bei grosser Hitze rundherum kräftig anbraten
2	Knoblauchzehen, gehackt	
2	Zwiebeln, gehackt	beifügen, mitdünsten
5 El	Tomatenpüree oder	
5	frische, gehackte Tomaten	beifügen
4 - 5 dl	Bouillon	dazugiessen
	Pfeffer, Rosmarin, Paprika	würzen, Speckwürfel beigeben, 40 Min. köcheln lassen.
500 - 600 g	Risotto-Reis	
1 - 1,3 l	Bouillon	beides dazugeben, 20 - 30 Min. kochen lassen, ab und zu rühren
5 El	Reibkäse	vor dem Servieren daruntermischen.

◆ Anstelle von Schweinefleisch Rindfleisch verwenden. Kochzeit 1 1/2 Std.
◆ Mit Hackfleisch: In diesem Fall Reis bereits mit Speckwürfelchen beigeben, Bouillonmenge etwas reduzieren.

Bunter Teigwarentopf

600 g	Hühnergeschnetzeltes	
5 El	Bouillon oder Weisswein	Marinade
2 El	Sojasauce	mischen, über das Fleisch giessen,
		15 Min. zugedeckt stehen lassen
2 - 3 El	Öl	erhitzen
1 - 2	Zwiebeln, gehackt	
1 - 2	Knoblauchzehen, gehackt	zugeben, mitdämpfen
200 - 300 g	Saisongemüse	
200 g	Champignons, geschnitten	zugeben, mitdämpfen
1,8 l	Bouillon	aufgiessen
600 g	Teigwaren (z. B. Hörnli,	zugeben, 15 Min kochen,
	Nudeln, Muscheln)	ab und zu rühren
	mariniertes Fleisch	die letzten 5 Min. mitkochen
1 Kl	Stärkemehl	
2 dl	Rahm	zusammen verrühren, unter Rühren
		dazugiessen, 5 Min. köcheln lassen,
		mit
	Salz, Pfeffer, Rosmarin	würzen, servieren.

◆ Der bunte Teigwarentopf kann auch ohne Fleisch zubereitet werden, dann doppelte Menge Gemüse und Pilze verwenden.
◆ Anstelle von Teigwaren Risotto-Reis (z. B. Vialone) verwenden.

Reis Kasimir

700 - 800 g	Langkorn-	im Salzwasser körnig kochen, Was-
	oder Vollkornreis	ser abgiessen, auf Platte anrichten.

1. Variante

Curry-Geschnetzeltes (siehe Rezept) zubereiten und über dem Reis anrichten.

2. Variante

1 l Currysauce nach Rezept zubereiten (siehe Saucen). Dann 800 g - 1 kg geschnetzeltes Hühner- oder Schweinefleisch in der Bratpfanne anbraten, mit der Sauce mischen und über den Reis anrichten.

3. Variante

Bei grossen Mengen: Currysauce aus dem Beutel zubereiten (Achtung wegen Anbrenngefahr!) und dann mit 800 g - 1 kg gebratenem Hühner - oder Schweine-Geschnetzeltem mischen.

Garnieren:

	wenig Butter	schwach erhitzen
2 1/2	Bananen vierteln,	leicht anbraten
5 - 10	Ananasscheiben	leicht anbraten oder im
		Fruchtsaft erwärmen
	einige Pfirsichhälften	
		die angerichtete Platte mit
		den Früchten garnieren.

◆ Auch frische Äpfel, Birnen, Kirschen eignen sich gut.
◆ Nach Belieben noch 1 - 2 El geröstete Mandelsplitter darüberstreuen.
◆ Steht ein Ofen zur Verfügung: Früchte im Ofen braten und heiss machen!

Teigwaren, Reis und Kartoffeln gehören zu den beliebtesten Beilagen, wenn für viele Leute gekocht wird. Besonders von Teigwaren können Kinder nie genug bekommen. Bei der Zubereitung grosser Mengen eine gute Qualität Teigwaren verwenden. Die angegebene Kochzeit muss genau eingehalten werden. Lieber die Kochzeit knapp berechnen (al dente), als verpappte Teigwaren servieren. Weitere Tips siehe beim Kapitel "Teigwaren".

Reis eignet sich als Beilage und als Hauptgericht. Reis quillt beim Kochen sehr stark auf, etwa um das Dreifache. Daher täuscht die scheinbar kleine Menge unge-

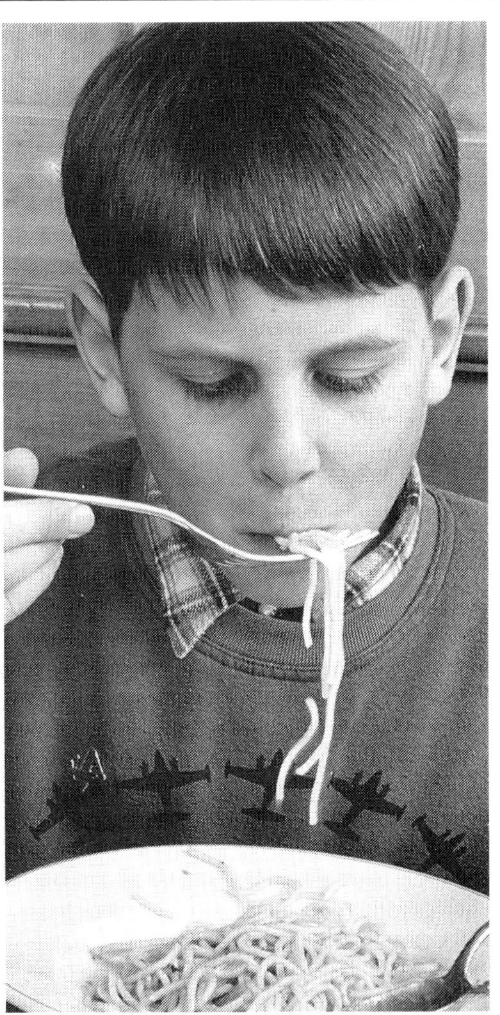

kochten Reises. Bei den Reissorten unterscheiden wir den Langkornreis, der kochfest ist und körnig bleibt und sich für Trockenreis und Reissalat ausgezeichnet eignet. Für Risotto verwenden wir einen Mittelkornreis, oder Rundkornreis wie Vialone oder Arborio, der beim Kochen verklebt. Der Vollkornreis ist vom Nährstoffgehalt her gesehen am wertvollsten und kann eigentlich für alle Reisgerichte verwendet werden. Da die Kochzeit länger ist, lohnt es sich, diesen Reis vor dem Kochen für 8 - 10 Std. in kaltes Wasser einzulegen. Das Einweichwasser wird zum Kochen weiterverwendet. Salz verhindert das Weichwerden von Vollkorngetreiden, daher erst gegen Ende des Kochprozesses Salz oder Bouillon beigeben!

Weitere Getreideprodukte wie Hirse, Hafer, Mais, Griess sind weniger bekannt. Auch sie haben Platz in einem Lager-Menüplan, jedoch eher kleinere Mengen zubereiten und nicht zu oft einbauen.

Bei den Kartoffelgerichten sind Brat-, und Ofenkartoffeln oder Rösti sehr beliebt.

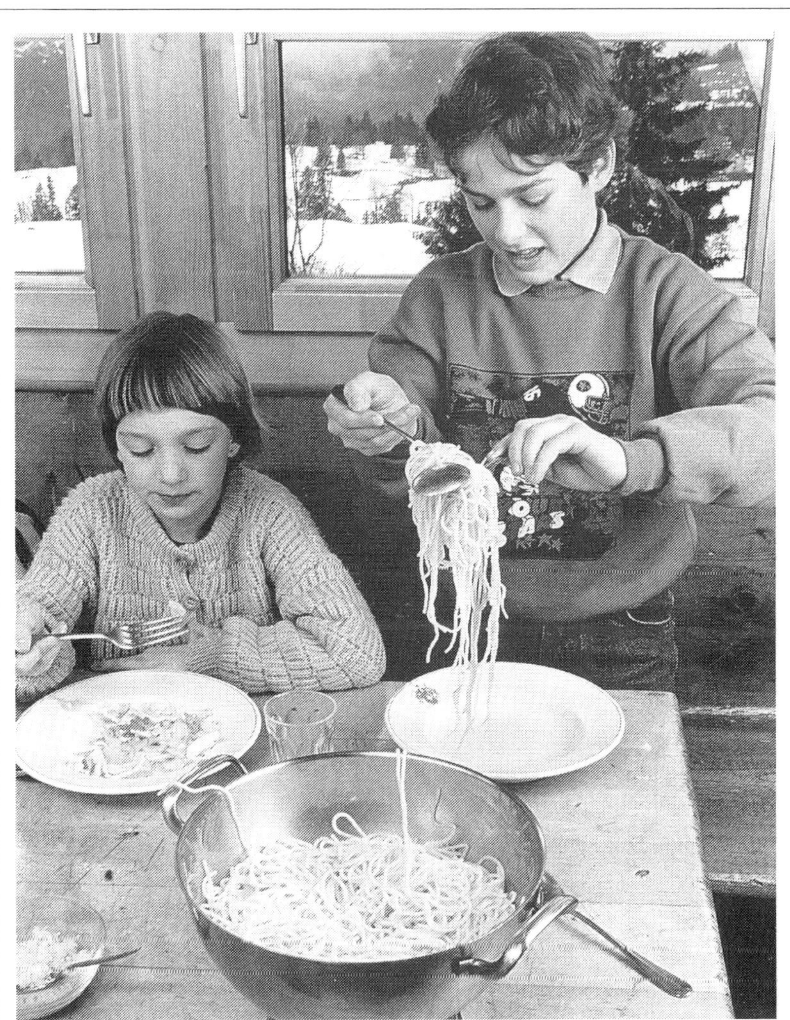

Teigwaren

viel Wasser (5 - 10 mal die Teigwarenmenge) aufkochen

3 El	Salz	beigeben (probieren!)
2 - 3 El	Öl	dazugeben
600 g - 1 kg Teigwaren		ins kochende Wasser geben, 10 - 12 Min. kochen, abgiessen, evtl. kurz mit kaltem Wasser abspülen, in Schüssel anrichten
	Butter (z. B. Reste vom Frühstück) oder Öl	zu den Teigwaren geben, vorsichtig mischen.

◆ Teigwaren können in der Bratpfanne mit etwas Butter nochmals aufgewärmt werden.

◆ Werden die Teigwaren nicht sofort weiterverwendet, gut mit kaltem Wasser abspülen und dann kühl stellen, so wird das Kleben verhindert.

◆ Mit Butter oder Öl gemischte Teigwaren können einige Zeit in der zugedeckten Pfanne warmgehalten werden.

◆ Farbige statt weisse Teigwaren verwenden.

◆ Vollkornteigwaren verwenden, eventuell zur Hälfte mit normalen Teigwaren mischen.

Wasserreis

10 l	Wasser	aufkochen
3 El	Salz	würzen (probieren!)
600 - 800 g	Langkornreis	zugeben, auf kleiner Stufe 15 - 20 Min. kochen, Reis gut abtropfen lassen.

◆ Reis nicht zu weich kochen.

◆ Nach Gutdünken wenig Butter daruntermischen.

◆ Reis in eine bebutterte Ringform geben, gut andrücken und auf eine Platte stürzen.

Risotto

2 El	Öl	erwärmen
1 - 2	Zwiebeln, gehackt	
1 - 2	Knoblauchzehen, gehackt	dazugeben
600 g	Risotto-Reis z. B. Vialone	beifügen, auf kleiner Stufe glasig dünsten
1 dl	Weisswein	beifügen, einkochen lassen
1,8 l	Bouillon	dazugiessen, auf kleiner Stufe 20 - 30 Min. köcheln lassen
50 g	evtl. Reibkäse / Rahm	vor dem Servieren daruntermischen.

◆ Anstelle von weissem Reis Vollkornreis verwenden. Kochzeit: 40 - 50 Min.
◆ Risotto feucht servieren!
◆ Risotto kann als Hauptgericht oder Beilage serviert werden.
  Als Hauptgericht erhöht sich die Reismenge pro Person auf 80 - 100 g .

Safran-Risotto

2 Tl Safran in die Flüssigkeit streuen.

Curry-Risotto

2 - 3 El milden Curry mit dem Reis dünsten.

Tomaten-Risotto

3 - 4 El Tomatenpüree oder 5 - 6 frische, gehackte Tomaten mitkochen.

Gemüse-Risotto

400 g geschnittenes Saisongemüse mit dem Reis dünsten.

Pilz-Risotto

60 g	getrocknete Pilze	während ca. 20 Min. in heissem Wasser einweichen, evtl. schneiden und mit dem Reis dünsten, Einweichwasser zum Kochen verwenden.

◆ Anstelle der getrockneten Pilze können auch 200 - 300 g frische, geschnittene Champignons mit dem Reis gedünstet werden.
◆ 4 - 5 El Rahm und geriebenen Käse daruntermischen.

Hirsotto

Anstelle von Reis 500 - 600 g Goldhirse verwenden. Kochzeit: 15 - 20 Min.

Getreide-Risotto

Anstelle von Reis 500 - 600 g Weizen, Dinkel, Roggen, Gerste oder Hafer verwenden.
Achtung! Getreide waschen, über Nacht 8 - 10 Std. in kaltes Wasser einlegen, dann das Wasser abgiessen und zum Kochen verwenden.
Die Flüssigkeitsmenge um etwa die Hälfte reduzieren. 30 Min. ohne Salz und Bouillon kochen lassen, 30 Min zugedeckt nachquellen lassen und erst dann würzen.

Polenta

Bei Kindern ist Polenta unterschiedlich beliebt, mit einem Saucengericht serviert schmeckt sie jedoch erfahrungsgemäss auch Kindern.

2 l	Wasser oder Milchwasser	aufkochen
2 Tl	Salz oder Bouillon	würzen
500 g	Maisgriess	Mais einrühren und unter ständigem Rühren aufkochen. 15 Min. kochen, ab und zu rühren, 15 Min. zugedeckt nachquellen lassen.

Achtung Spritzgefahr: Pfanne leicht zudecken!
Im Verkauf ist auch 2-Minuten-Polenta erhältlich.
Polenta mit Käse und Zwiebelschwitze (stark angedünstete Zwiebeln) servieren.

◆ Polentareste können gut in heissem Fett gebraten werden.

Polentaschnitten

◆ Gekochte Polenta auf ein Blech oder Brett streichen, erkalten lassen, in beliebige Formen schneiden, im heissen Fett braten und eine Tomatensauce dazu servieren.

◆ Als Variante die Polentastücke in eine Gratinform legen, mit Tomatensauce überziehen und im Ofen mit Käse überbacken.

Salzkartoffeln

1,5 kg	Kartoffeln	waschen, schälen, in gleichgrosse Würfel schneiden
1 - 2 l	Wasser	aufkochen, mit
1 - 2 Tl	Salz	würzen (probieren!), Kartoffeln dazugeben, knapp 15 - 20 Min. weichkochen, Wasser abgiessen
evtl. Butter oder gehackte Kräuter		über die angerichteten Kartoffeln verteilen.

◆ Kochwasser für Suppen und Saucen weiterverwenden.

Gschwellti oder Pellkartoffeln

2 - 3 kg	Kartoffeln (2 - 3 Stück pro Person)	gut waschen, bürsten, in eine Pfanne geben
1 - 2 El	Salz	dazustreuen
	heisses Wasser	bis auf die Höhe der Kartoffeln einfüllen, zudecken und ca. 30 - 40 Min. weichkochen, im Dampfkochtopf 8 - 10 Min. (nicht abschrecken!).

◆ Es lohnt sich, eine grosse Menge Pellkartoffeln zu kochen, um sie am nächsten Tag für Rösti, Bratkartoffeln, Suppe oder Kartoffelsalat zu verwenden.

◆ Sind die Kartoffeln verschieden gross, so werden die grossen Kartoffeln unten und die kleineren oben in die Pfanne eingefüllt.

Bratkartoffeln aus gekochten Kartoffeln

1 Portion	Salzkartoffeln oder Pellkartoffeln	in Würfeln knapp weichgekocht
4 - 5 El	Öl oder Bratbutter	in Bratpfanne erwärmen
	Kartoffelwürfel	dazugeben, 10 - 15 Min. goldbraun braten, nicht zu oft wenden, mit
	Salz	würzen.

Bratkartoffeln aus rohen Kartoffeln

2 kg	Kartoffeln	waschen, evtl. schälen, in gleichgrosse Würfel schneiden
4 - 6 El	Öl oder Bratbutter	erhitzen, Kartoffeln dazugeben, zudecken, 10 Min. dämpfen, abdecken, auf mittlerer Stufe unter mehrmaligem Wenden 15 - 20 Min. goldbraun braten,
	Kräutersalz	darüberstreuen.

Sesamkartoffeln

3 El	Sesamsamen	in den letzten 10 Min. mitbraten.

Kräuterkartoffeln

2 - 3 El	frische, gehackte Kräuter (Petersilie, Majoran, Thymian, Basilikum)	am Schluss kurz mitbraten.

Ofenkartoffeln

2 kg	Kartoffeln	gut waschen, halbieren oder in Würfel schneiden, mit der Schnittfläche nach oben auf das Blech legen, mit
	wenig Öl	Schnittfläche bepinseln oder darüberträufeln Backen: Ofenmitte ca. 200° C 30 - 40 Min.
	Kräutersalz (evtl. frische Kräuter)	darüberstreuen.

Gedämpfte Kartoffeln

2 - 3 El	Öl	erwärmen
1	Zwiebel, gehackt	dazugeben
1,5 kg	Kartoffeln	waschen, schälen, in gleichmässige Würfel schneiden, beifügen, kurz andünsten
4 dl	Bouillon	dazugiessen, 15 - 20 Min. weichkochen.

Mit Gemüse

Lauch und Karotten mit den Kartoffeln mitdämpfen.
Nach Belieben 50 - 100 g Speckwürfel mitbraten.

Portugiesische Art

2 gehackte Knoblauchzehen und 3 El Tomatenpüree mit den Kartoffeln mitdämpfen.

Rösti

2 - 2,5 kg	Pellkartoffeln möglichst vom Vortag	schälen, an der Rösti-Raffel reiben
6 - 8 El	Öl oder Bratbutter	in einer Bratpfanne erhitzen, Kartoffeln zugeben
1 - 2 Tl	Salz	darüberstreuen, mischen, wenden, auf der anderen Seite braten, ca.15 - 20 Min. goldbraun braten.

◆ Für eine grössere Anzahl Personen ist Rösti schwierig herzustellen, ausser ein grosser Bräter steht zur Verfügung.
◆ Rösti zwischendurch mit Wasser beträufeln, damit sie feucht bleibt.
◆ Rösti nicht zu oft wenden, damit kein Mus entsteht.

Kartoffelsalat

1,8 kg	Kartoffeln	waschen, wie Pellkartoffeln (S. 35) zubereiten leicht auskühlen lassen, schälen, in Scheiben schneiden
2,5 dl	Bouillon	über die noch warmen Kartoffelscheiben giessen, 1/2 - 1 Std. ziehen lassen
1 - 2	gehackte Zwiebeln	beigeben
1	Portion Salatsauce (S. 19) mit Mayonnaise	zubereiten und vorsichtig mit den Kartoffeln mischen.
	frische Kräuter, gehackt	darüberstreuen, servieren.

◆ Kann gut im voraus zubereitet werden, jedoch kühl stellen.

Rösti mit Speck und Zwiebeln

2 - 3	Zwiebeln, gehackt	
200 g	Speckwürfel	mit den Kartoffeln mitbraten.

Rösti mit Käse

200 - 300 g	Raclettekäse-Scheiben oder Reibkäse	auf die fertige Rösti legen, zudecken, Käse 5 - 10 Min. schmelzen lassen.

Rösti aus rohen Kartoffeln

Die Bratzeit erhöht sich auf ca. 40 Min.

Kartoffelpüree/Spätzle

Hier ist der Aufwand sehr gross, daher lohnt es sich, Kartoffelpüree und Spätzle aus der Packung zuzubereiten. Die Anleitung steht auf der Verpackung.

Gemüse ist bei Kindern und Jugendlichen oft nicht sehr beliebt. Aus Erfahrung kommen bei Kindern am besten an: Karotten und Böhnchen (Erbsen), Bohnen, Blumenkohl und alle Gemüse, die mit weisser Sauce überbacken sind.

Bei der Zubereitung ist zu beachten, dass Gemüse schonend und nicht zu weich gekocht wird. Reste von Gemüsekochwasser können für Suppen oder Saucen weiterverwendet werden.

Gedämpfte Karotten

1 - 2 El	Butter	in einer Pfanne schmelzen
1	Zwiebel	fein schneiden, beigeben
1 - 1,5 kg	Karotten	waschen, evtl. schälen, in gleich-mässige Rädchen oder Stengel schneiden, in die Pfanne geben, unter Wenden 1 - 2 Min. dünsten
1 Tl	Kräutersalz oder Bouillon	
2 Prisen	Zucker, evtl. Majoran	würzen
4 - 5 dl	Wasser oder Bouillon	so viel dazugiessen, bis die Karotten knapp bedeckt sind Kochzeit: ca. 20 Min.
	frische Petersilie oder Schnittlauch	schneiden, am Schluss darüberstreuen.

◆ Aus Resten gekochten Karottensalat zubereiten.

Karotten und Böhnchen (Erbsen)

Nur ca. 800 g Karotten verwenden und am Ende der Kochzeit 600 - 800 g Böhnli aus der Dose ohne Saft dazugeben, nur heiss werden lassen, nicht mehr kochen, evtl. nachwürzen.

Karotten mit Curry

1 - 2 El milden Curry mit den Karotten mitdämpfen.

Karotten-Kohlraben-Gemüse

800 g Karotten und 500 - 700 g Kohlraben verwenden und 1 Tl Curry mitdämpfen.

Karotten mit gerösteten Sesam

2 El	Sesam	in einer Bratpfanne ohne Fettzugabe hellbraun rösten.

◆ Die gedämpften Karotten mit Sojasauce würzen, dafür weniger Salz verwenden.
◆ Den gerösteten Sesam über die angerichteten Karotten streuen.

Gedämpfte Bohnen

1 - 1,5 kg	Bohnen	waschen, rüsten
50 - 100 g	evtl. Speckwürfel	in einer Pfanne glasig braten
1	Zwiebel, gehackt	dazugeben, gut andämpfen
1 - 2	Knoblauchzehen, gehackt gerüstete Bohnen	dazugeben, 2 - 4 Min. mitdämpfen
4 - 5 dl	Wasser oder Boullion	dazugiessen
1	Zweiglein Bohnenkraut Salz, Pfeffer	beigeben, mit würzen ca. 40 Min. köcheln lassen.

Blumenkohl auf dem Sieb

	heisses Wasser	in die Pfanne bis zum Siebeinsatz einfüllen
1 - 1,2 kg	Blumenkohl	rüsten, in Röschen teilen, kurz ins Salzwasser legen, auf den Siebeinsatz legen, mit
1/2 Tl	Salz	salzen, zudecken, aufkochen, auf kleiner Hitze ca. 20 - 30 Min. weichdämpfen.

Blumenkohl im Salzwasser

1 - 1,2 kg	Blumenkohl	rüsten, in Röschen teilen, kurz ins Salzwasser legen
2 - 3 l	Wasser	aufkochen, mit
1 - 2 Tl	Salz	würzen
1/2	Zitrone, nur Saft	zugeben, Blumenkohl ins kochende Wasser geben, auf kleiner Stufe 20 - 30 Min. sieden.

Blumenkohl mit Paniermehl

1 - 2 El	Butter	schmelzen
2 - 3 El	Paniermehl	dazugeben, hellbraun rösten, sofort über den angerichteten Blumenkohl geben, servieren.

Blumenkohl mit Käse und Nüssen

3 - 4 El	geriebener Käse	
1 El	Butterflöckli	
2 - 3 El	gehackte, geröstete Nüsse	
1 - 2 El	gehackte Kräuter	über dem Blumenkohl verteilen.

Mischgemüse

Verschiedenes Saisongemüse nach Farben und Formen auswählen. Gemüse je nach Kochzeit grösser oder kleiner schneiden, zusammen dämpfen.

Gemüse mit weisser Sauce

1,2 - 1,5 kg	Gemüse	auf dem Sieb dämpfen oder im Salzwasser knapp weichkochen, warm stellen oder in eine gefettete Gratinform legen.

◆ Geeignetes Gemüse: Blumenkohl, Broccoli, Fenchel, Lauch, Krautstiele, Kohlraben.

Weisse Sauce

1 - 2 El	Butter	schmelzen
2 El	Mehl	dazugeben, sehr gut mit der Butter verbinden
4 dl	kalte Milch evtl. Milchwasser	dazugiessen, unter ständigem Rühren aufkochen, mit
	Kräutersalz, wenig Bouillon Pfeffer, Muskat	würzen, Sauce 10 Min. köcheln lassen
2 - 3 El	geriebener Käse	unter die Sauce mischen über das Gemüse anrichten, servieren.

◆ Nach Möglichkeit kann das Gemüse mit der Sauce im Ofen bei 220° C, ca. 10 - 20 Min. überbacken werden.

◆ Mit Reis, Teigwaren oder Kartoffeln ergänzt ergibt dies ein vollständiges, fleischloses Menü.

Zwei bis drei Mal Fleisch in der Woche ist für eine gesunde Ernährung genügend. Bei uns Westeuropäern wird meistens täglich Fleisch gegessen. Oft fehlt uns der Mut, fleischlos zu kochen, doch mit etwas Phantasie und Hintergrundwissen lassen sich herrliche fleischlose Gerichte auf den Tisch zaubern, die auch Kindern und Jugendlichen munden. Berücksichtigt auch, dass immer mehr Leute kein Fleisch essen. Auch diese Personen müssen vollwertig ernährt werden. Fleisch ist ein Eiweisslieferant, der problemlos durch Milch, Milchprodukte (Käse, Quark, Joghurt), Vollkorngetreide, Eier und Hülsenfrüchte ersetzt werden kann.

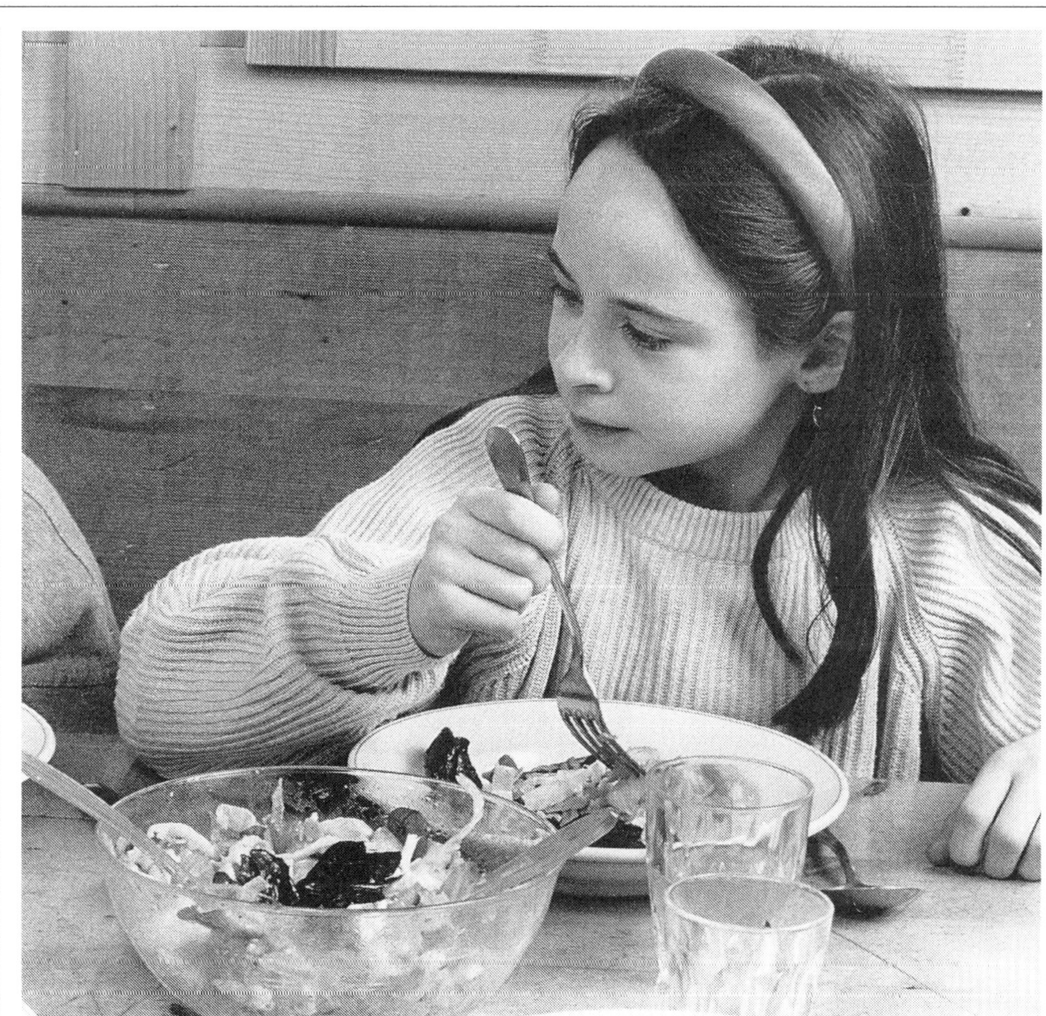

Tips für fleischlose Menus

Verschiedene Risottos: siehe Kapitel "Beilagen".

Mah-Meh ohne Fleisch: siehe Kapitel "Aus fernen Ländern".
Chili con carne ohne Fleisch als Chili con verdure:
siehe Kapitel "Aus fernen Ländern".

Teigwaren/Spaghetti mit Tomatensauce, Pilzsauce, Gemüsesauce,
Gorgonzolasauce.

Älplermakronen

viel Wasser		aufkochen
800 g	Kartoffeln, in Würfeln	beigeben, 5 Min. kochen, dann
500 g	Hörnli oder Älplermakronen	zugeben, gut 10 Min. weiterkochen, Wasser abgiessen
200 - 300 g	Reibkäse	lagenweise mit dem Kartoffel-Teigwaren-Gemisch in eine Schüssel füllen
1 dl	Rahm	
2 dl	Milch	
	wenig Salz	zusammen aufkochen, über die Teigwaren giessen
2 El	Bratbutter	erhitzen
2 - 3	Zwiebeln, in Ringen	darin goldbraun rösten, über die Teigwaren verteilen, servieren.

◆ Nach Belieben kurz im Ofen überbacken.

◆ Apfelmus, Apfelschnitze oder Salat dazu servieren.

Käseschnitten

Ideal, um überschüssiges Brot und Käse-Reste zu verarbeiten.

500 g	Reibkäse	
150 g	Ruchmehl	
1	Zwiebel, gehackt	
1 Kl	Paprika	alles in einer Schüssel vermischen
2 - 3 dl	Milch	
4	Eier	Eier und Milch miteinander verquirlen, zum Käsegemisch giessen, vermischen, bis eine streichfähige Masse entstanden ist
15 - 20	Brotscheiben	auf einer Seite mit der Käsemasse bestreichen
	Öl oder Bratbutter	in einer Bratpfanne erhitzen, Schnitten mit der bestrichenen Seite nach unten in die Pfanne legen, 2 - 3 Min. backen, wenden und nochmals 2 - 3 Min. backen.

◆ Langsam, bei niedriger Temperatur backen ist wichtig!

◆ Die Käseschnitten können im Ofen bei 200° C 20 Min. gebacken werden.

◆ Nach Belieben Birnenschnitze, Essiggurken, Tomatenscheiben mitbacken oder nach dem Backen damit garnieren.

◆ Reste der Käseschnitten in kleine Würfel schneiden und in einer heissen Bouillon als Suppeneinlage servieren.

Käseplatte

Käsemenge pro Person ca. 80 g. Verschiedene Käsesorten wählen: Hart-, Halbhart-, Weich- und Frischkäse, für jeden Geschmack. Pro Gruppe oder Tisch eine Käseplatte servieren. Bei grosser Personenanzahl wird der Käse mit Vorteil bereits in Portionen geschnitten.

Käseplatte garnieren mit Birnen, Trauben, Äpfeln, Kirschen, Nüssen, Essigzwiebeln, Essiggurken, Radieschen, Tomaten, Petersilie, Blätter. Als Beilagen eignen sich: Pellkartoffeln, Quarkmayonnaise, Kräuterquark, Kräuterbutter, Salat.

Wettbewerb: Wer kreiert die schönste Käseplatte?

Kartoffeltätschli

Aus Kartoffelstock (-brei): Mit Mehl und Eiern vermischen. Nach Belieben geriebenen Käse, kleingeschnittene Fleischreste und gehackte Kräuter daruntermischen, mit einem Löffel von der Masse abstechen und in heissem Öl goldgelb braten. Salat, eventuell Tomatensauce dazu servieren.

Kräuter-Rahm-Kartoffeln mit Karotten

1,5 kg	Kartoffeln	in Scheiben schneiden
500 g	Karotten	im Salzwasser weichkochen
2 El	Butter	
3 El	Mehl	Butter schmelzen, Mehl beigeben und gut verbinden
4 - 5 dl	Gemüsebouillon	langsam, unter Rühren dazugiessen, einige Minuten kochen lassen
1 dl	Rahm oder Sauerrahm	
1 -2 El	gehackte Kräuter	gut miteinander vermischen, über die Kartoffeln giessen.

Kartoffelgratin Freiburger Art

1,6 - 2 kg	Pellkartoffeln	schälen, in Scheiben schneiden
200 g	Greyerzer, gerieben	lagenweise mit den Kartoffeln in eine Auflaufform geben
5 dl	Milch	
3	Eier	alles miteinander vermischen, über die Kartoffeln giessen. Backen: bei 200° C ca. 30 Min.

Fotzelschnitten (gebackene Brot-Eier-Schnitten)

15 - 20	alte Brotscheiben	auslegen
3 - 4 dl	kalte Milch	darüberträufeln oder Brot darin wenden
6	Eier	in einem Teller verklopfen
2 Prisen	Salz	dazugeben
4 - 6 El	Öl	erhitzen, Brot beidseitig goldgelb braten, warmstellen
	Zimtzucker	über die warmen Schnitten streuen oder separat dazu servieren.

◆ Goldschnitten: 2 El Zucker, 0,5 dl Milch und 50 g gemahlene Mandeln mit den Eiern vermischen.

◆ Früchtekompott, Fruchtsalat oder Salat dazu servieren.

Apfelrösti

600 g	altes Brot	in feine Scheibchen schneiden
4 El	Öl oder Bratbutter	erhitzen, Brot beigeben und hellbraun rösten
1,5 kg	Äpfel	grob raffeln oder in Scheibchen schneiden, beigeben, gut mischen
4 - 5 dl	Apfelsaft	dazugiessen, einige Minuten dämpfen
2 - 3 El	Sultaninen	beigeben
	Zimtzucker	vor dem Anrichten darüberstreuen.

◆ Nach Belieben Vanillesauce oder -creme dazu servieren.

Vogelheu (gebackene Brot-Eier-Würfel)

Zubereitung wie Fotzelschnitten, statt Brotscheiben Brotwürfel verwenden. Unter Wenden goldgelb braten.

Birchermüesli

400 g	Haferflöckli	
1,5 l	Milch	miteinander mischen 1/2 - 1 Std. aufquellen lassen
6 - 8 dl	Joghurt nature oder Fruchtjoghurt	dazugeben, gut verrühren
2	Zitronen, nur Saft	dazugiessen, mischen
1,5 - 2 kg	Saisonfrüchte, vor allem Äpfel	grob raffeln oder schneiden, beigeben, mischen
100 g	gehackte oder gemahlene Nüsse	
100 g	Rosinen	dazugeben, mit
	evtl. Zucker oder Honig	süssen
	evtl. etwas Rahm	am Schluss daruntermischen, garnieren.

◆ Haferflocken durch andere Getreideflocken ersetzen.
◆ Fertige Müeslimischungen sind sehr schmackhaft, aber teuer.

Götterspeise

1,5 l	Vanillecreme	(Seite 66)
1,5 kg	Apfelmus	(Seite 69)
	oder Früchtekompott	(Seite 69)
1 Paket	Zwieback	lagenweise einschichten
2 - 3 dl	evtl. Rahm	steif schlagen, garnieren, 1-2 Std. stehen lassen.

◆ Für Götterspeise eignet sich Früchtekompott aus: Rhabarbern, Aprikosen, Zwetschgen, Pfirsichen.

Früchtekuchen

Express-Teig
1 kg Teig reicht für ein grosses Blech à 20 Stücke.

800 g	Ruchmehl	in eine Schüssel geben
1 El	Salz	dazustreuen
250 g	Butter	in Flocken beigeben, schnell mit dem Mehl verreiben
1 Joghurtbecher	Wasser	

1 Joghurtbecher	weisser Kochwein	dazugiessen, schnell zu einem Teig zusammenfügen, etwas ruhen lassen, Teig auswallen, auf befettetes Kuchenblech legen, einstechen
100 g	gemahlene Nüsse oder gemahlenen Zwieback	auf den Kuchenboden streuen
2 - 3 kg	Saisonfrüchte	waschen, evtl. schälen, schneiden auf dem Teigboden verteilen, bei 220° C 25 - 30 Min. backen.

Guss:

3	Eier	
1 l	Milch	
2 El	Stärkemehl oder Vanillecreme	
	Zucker nach Belieben	alles gut miteinander verrühren
1/2 Tl	Zimt nach Belieben	
1 El	Vanillezucker	nach der halben Backzeit darübergiessen.

◆ Der Express-Teig bleibt 4 - 5 Wochen im Kühlschrank haltbar!
◆ Nach Belieben auch Vollkornmehl verwenden.
◆ Tiefgekühlte Früchte gefroren auf dem Teigboden verteilen.
◆ Das Abendessen mit Kuchen dann planen, wenn der ganze Tag zur Verfügung steht, also kein Mittagessen gekocht werden muss und bereits nach dem Morgenessen mit dem Zubereiten begonnen werden kann. z. B. wenn die TeilnehmerInnen auswärts picknicken.

Hartgekochte Eier an Sauce

10 - 15	Eier	8 - 10 Min. in kochendem Wasser, abschrecken, schälen, halbieren.

Sauce nach Wahl zubereiten: Currysauce, Tomatensauce, Kräuterrahmsauce. Hartgekochte Eier anrichten, Sauce darüber verteilen, Toastbrot oder Reis dazu servieren.

Salatbuffet

Ein Salatbuffet ist bei LagerteilnehmerInnen immer willkommen, da es für jeden Geschmack etwas bietet. Salatbuffets eignen sich gut für Festessen oder um Reste zu verwerten.

Hier einige Vorschläge:

Kartoffelsalat, Reissalat,
Teigwarensalat, Grüner Salat,
Karottensalat, Tomatensalat,
Gurkensalat, Kohlsalat,
Rote-Bete-Salat,
Thunfischsalat, Bohnensalat,
Wurstsalat, Käsesalat.

◆ Dazu servieren wir Brot oder Knoblauchbrötchen (Restenverwertung).
◆ Servieren wir gebratenes Fleisch zum Salatbuffet, z. B. Schnitzel, Fleischkäse, Bratwürste, Hamburger usw., so verwenden wir keine zusätzlichen Eiweisslieferanten wie Käse, Fleisch, Thunfisch in den Salaten.

inmal in ein fremdes Land verreisen; wirklich oder gespielt an einem Fest eine fremde Kultur mit anderen Sitten, Bräuchen, Kleidern und einem ungewohnten Essen kennenlernen, das wird für Kinder wie für Erwachsene zu einem besonderen Erlebnis.

In jedem Land herrscht eine eigene, besondere Esskultur mit fremden Nahrungsmitteln, die wir oft nicht kennen. Es ist nicht ganz einfach, eine fremde Spezialität zu servieren, die wirklich allen Teilnehmern und Teilnehmerinnen eines Festes, besonders auch den Kindern, schmeckt.

Wichtige Hinweise

Vorsichtig würzen und keine geschmacklich dominierenden, uns zu fremden Gewürze verwenden. Beim Würzen das Rezept lieber leicht abändern. Gerichte mit Teigwaren oder Reis kommen sehr gut an. Fisch ist bei Kindern nicht beliebt, deshalb kleinere Mengen berechnen als gewöhnlich. Fremde Gerichte, die Ähnlichkeiten mit den uns bekannten haben, werden gerne gegessen. Die Essgemeinschaft auf das besondere Essen vorbereiten und so Interesse wecken: mit einer passenden Tischdekoration, durch die Bekanntgabe von Tischsitten, dem Hören entsprechender Musik...

AFRIKA

Die ursprüngliche afrikanische Küche verwendete oft Hirse, Cous-Cous, Huhn, Erdnüsse. Heute essen Afrikaner auch viel Mais und Reis.

Cous-Cous (Pil-Pil, Bulghur)

Es besteht aus Weizengrütze und ist in Bioläden oder Reformhäusern erhältlich. Vom Geschmack und vom Aussehen her ist es der Hirse ähnlich. Cous-Cous wird mit Gemüse gemischt zubereitet oder zu einer Sauce oder zu Fleisch serviert. Man isst von Hand. Mit den Fingern formt man Cous-Cous-Bällchen, die in eine Sauce getunkt und dann triefend in den Mund gesteckt werden. Die Anleitung zum Kochen findet ihr auf der Verpackung.

Hirse (schmeckt ähnlich wie Risotto)

2 El	Öl oder Butter	in einer Pfanne erwärmen
1	Zwiebel, gehackt	
1	evtl. Knoblauchzehe, gepresst	dazugeben, mitdämpfen
500 g	Hirse	beifügen, auf kleinem Feuer ca. 30 Sek. dünsten
1,5 l	Wasser	dazugiessen, 15 - 20 Min. köcheln lassen
	Kräuter, Salz, Bouillon	würzen
3 - 4 El	Reibkäse	unter die Hirse mischen.

Tomatenhirse: 4 - 5 geschnittene Tomaten oder 4 - 5 El Tomatenpüree mitkochen.

Gemüsehirse: 300 - 400 g vorbereitetes Gemüse mit den Zwiebeln andämpfen.

Pfefferminztee auf marokkanische Art

1 El grünen Tee in eine heiss ausgespülte Teekanne geben. Mit kochendheissem Wasser auffüllen und den Tee 1 Minute quellen lassen. Eine Handvoll gewaschene Minzeblätter dazugeben, 3 Minuten ziehen lassen.

SÜDAMERIKA

Mais und Bohnen sind Grundnahrungsmittel in Südamerika. Wir finden sie in Rezepten wie Chili con carne oder Tortillas.

Indianisches Maisdessert

1,5 kg	Äpfel	waschen, evtl. schälen, in Scheiben schneiden, in eine gefettete Auflaufform geben
6 El	Ahornsirup, Birnendicksaft oder Zucker	darüber verteilen
100 g	Butter, flüssig	in eine Schüssel geben, mit
6 El	Honig	zu Honigbutter mischen, dann eine Hälfte in einem neuen Gefäss auf die Seite stellen, zur anderen Hälfte
250 g	feines Weizen- oder Maisgriess	geben, mischen
1/2 Tl	Salz	würzen
7 dl	Milch oder Milchwasser	
2 dl	saurer Rahm	alles mischen und über die Äpfel in der Auflaufform verteilen
1	Zitrone, nur Saft	mit der restlichen Hälfte Honigbutter mischen, dann über Äpfel und Griess verteilen und bei 200° C ca. 45 Min. backen. Heiss servieren.

◆ Auch als kleine Mahlzeit geeignet.

Tortillas-Buffet

Tortillas nennen sich die südamerikanischen Omeletten (Crêpes), die aus Maismehl zubereitet werden. Je nach Wunsch werden sie mit verschiedenen Zutaten gefüllt.
Ein Buffet mit Tortillas und veschiedenen Zutaten, wo sich alle selbst ihre Tortillas füllen können, gehört zu einer richtigen mexikanischen Fiesta.

Tortilla

400 g	Maismehl	
100 g	Weizenmehl	
1 Tl	Salz	in einer Schüssel mischen
2 El	Öl	
1 l	Wasser	Mehl damit anrühren bis ein omelettenähnlicher Teig entsteht, ein halbe Stunde ruhen lassen.

In einer Bratpfanne in heissem Öl dünne Omeletten backen.

Schnelle Variante: Wenn die Lagerküche mit einem grossen Bräter ausgerüstet ist, die ganze Bratfläche mit Teig überziehen, eine Riesenomelette backen und in Quadrate schneiden.

In verschiedenen Schälchen stehen bereit:
Salatblätter, Tomatenscheiben, Avocados, Paprika, Zwiebelringe, geriebener Käse, Chili-Sauce (siehe nächstes Rezept) und Frijoles (=Bohnenpaste, gibt es zu kaufen).

Chili-Sauce

2 El	Öl
1 - 2 El	Honig
1 - 2 El	Essig oder Zitronensaft
1	Zwiebel, fein gehackt
2	Knoblauchzehen, gepresst
3 El	Tomatenpüree
5	Tomaten, in Würfel geschnitten
ca. 1 Tl	Kreuzkümmel
1 - 2 Tl	Salz
1/2 Tl	Koriander
wenig	Chilipulver oder Cayennepfeffer

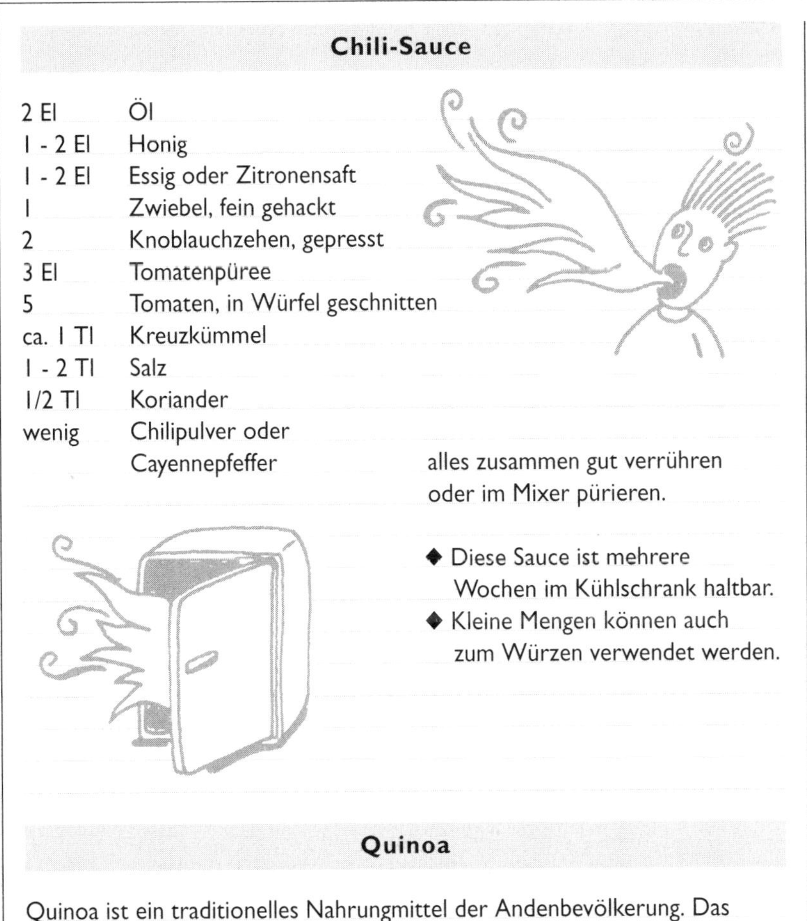

alles zusammen gut verrühren oder im Mixer pürieren.

◆ Diese Sauce ist mehrere Wochen im Kühlschrank haltbar.
◆ Kleine Mengen können auch zum Würzen verwendet werden.

Chili con carne

300 g	rote Bohnen	
	Wasser	Bohnen waschen, über Nacht in viel Wasser einweichen
2 El	Öl	in einem grossen Brattopf erhitzen
600 g	Rindfleischgeschnetzeltes oder Rindfleisch in 1-cm-Würfeln	beigeben, rundherum kräftig anbraten
1 - 2	Zwiebeln, gehackt	
1 - 2	Knoblauchzehen, gepresst	kurz mitbraten, mit
1/2 - 1 Tl	Chilipulver (scharf!)	
1 Tl	Salz	
	wenig Pfeffer	würzen
2 El	Mehl	darüberstreuen, wenden
1 dl	Rotwein	dazugiessen, kurz einkochen lassen
3 dl	Bouillon	dazugiessen
	eingeweichte Bohnen	beifügen, ebenso
500 g	frische Tomaten, gehackt oder Pellati	zugedeckt 1 - 1 1/2 Std. köcheln lassen, evtl. Wasser nachgiessen.

◆ Brot, Mais oder Reis dazu servieren.
◆ Chili ohne Fleisch zubereiten, evtl. mit anderem Gemüse (Paprika, Zucchetti) ergänzen. Mit geriebenem Käse servieren.

Quinoa

Quinoa ist ein traditionelles Nahrungmittel der Andenbevölkerung. Das getreideähnliche Korn ist sehr reich an Nährstoffen. Es hat einen feinen Geschmack und eine kurze Kochzeit. Erhältlich ist Quinoa in 3. Welt- und Bioläden. Die Zubereitungsart findest du auf der Verpackung.

SPANIEN

Die Menschen auf der Iberischen Halbinsel haben ähnliche Grundnahrungsmittel wie wir, aber mit einigen ausgezeichneten, typischen Rezepten.

Paella

1 - 1,5 kg	Hühnerstücke	
1,5 Tl	Salz	
	Paprika, Pfeffer	Fleisch damit würzen
2 - 3 El	Öl	erhitzen, Hühnerstücke darin langsam knusprig braten, herausnehmen
1 - 2	Zwiebeln, gehackt	
2	Knoblauchzehen, gepresst	
1 - 2	Paprika (Peperoni), in Streifen	
4	Tomaten	in die Pfanne geben, dämpfen
4 dl	Hühnerbouillon	dazugiessen, Hühnerstücke dazugeben, auf kleiner Stufe zugedeckt 30 Min. köcheln lassen
500 - 700 g	Mittelkornreis	
1 - 1,5 l	Hühnerbouillon	noch 20 - 30 Min. mitkochen von Zeit zu Zeit rühren
1 - 2 Tl	Safran	
200 g	Erbsen	beifügen in den letzten 5 Min. erhitzen.

Nach Belieben Schweinefleischwürfel verwenden oder am Schluss Fischstücke, Tintenfisch, Crevetten, Muscheln, Cipollata beigeben, nur noch kurz mitkochen.

Sangria:

siehe Getränke.

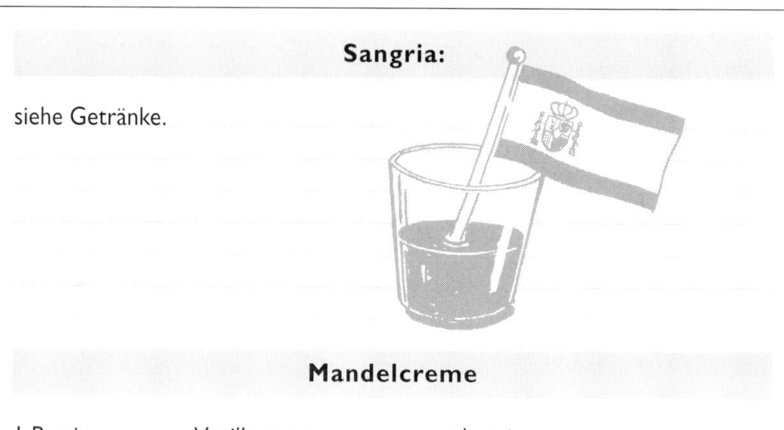

Mandelcreme

1 Portion	Vanillecreme	zubereiten
6 El	gemahlene Mandeln	ohne Fettzugabe rösten und vor dem Anrichten unter die kalte Creme mischen.

Spanische Schokolade

150 g	Zartbitterschokolade
4 Tl	Instant Kaffee
50 g	Zucker
1 - 2 El	Vanillezucker
1 Messerspitze	Zimt, Muskatnuss
7,5 dl	Vollmilch

◆ Schokolade grob zerteilen, mit Instant-Kaffee, Zucker, Vanillezucker, Zimt und Muskat mischen. Mit der Milch ins kochende Wasserbad stellen und so lange rühren, bis sich die Schokolade gelöst hat. Sofort in Gläser füllen und nach Wunsch mit einer Sahnehaube und Schokoladen-Mokkabohnen verzieren.

Portugiesische Kartoffeln

1 - 1,5 kg	Kartoffeln	waschen, schälen, in Würfel schneiden
1	Zwiebel, fein gehackt	
1	Knoblauchzehe, fein gehackt	
2 El	Butter	in einer Pfanne erwärmen Kartoffeln, Zwiebeln und Knoblauch beifügen, andämpfen
2 - 3	frische Tomaten oder 3 EL Tomatenpüree	dazugeben
3 - 4 dl	Bouillon	dazugiessen und ca. 20 Min. köcheln lassen.

Mit frisch gehackter Petersilie bestreuen.

ASIEN

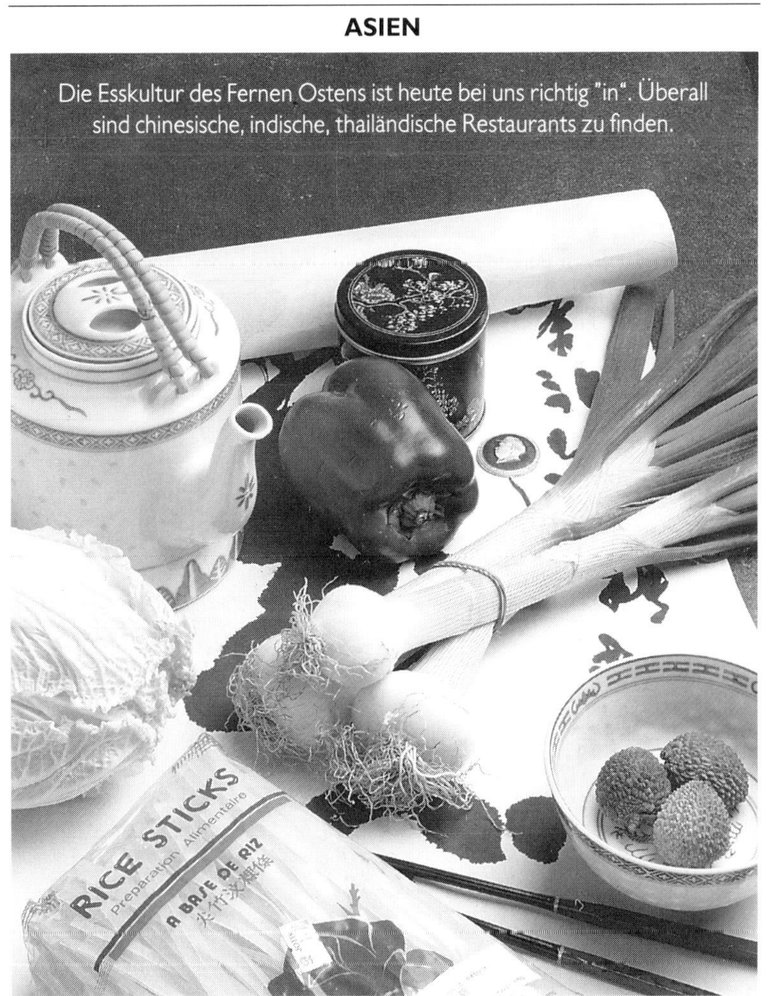

Mah-Meh (Chinesisches Nudelgericht)

2 El	Öl	erhitzen
300 g	Schweinegeschnetzeltes	
300 g	Hühnergeschnetzeltes	in heissem Öl portionenweise anbraten
1 - 2	Zwiebeln, gehackt	dazugeben
1 - 2	farbige Paprika, in Streifen	
1 - 2	Kopfsalat, in Streifen	
2	Knoblauchzehen, gepresst	mitdämpfen, mit
1 Tl	Salz	
1 Tl	Curry	
1/2 Tl	Sambal-Oelek (scharf!)	
2 El	Sojasauce	würzen
2 dl	Bouillon	beigeben, alles 10 Min. köcheln lassen.

Nudeln

	viel Wasser	aufkochen, salzen
500 - 700 g Nudeln		beigeben, "al dente" kochen, mit dem Fleisch und Gemüse mischen.

◆ Anstelle von Salat Chinakohl, Karotten oder Lauch mitdämpfen.

◆ Grünen Tee dazu servieren.

◆ Zum Dessert einen exotischen Fruchtsalat, einen schön angerichteten Früchteteller oder ein Kiwi-Dessert servieren (Kiwi = chinesische Stachelbeere).

◆ In der Gruppe mit Stäbchen essen ist ein Vergnügen.

Nasi Goreng (Indonesien)

Eine Portion Trockenreis aus 600 - 700 g Langkornreis zubereiten.

2 El	Öl	erhitzen
800 g	Hühnergeschnetzeltes	kräftig anbraten, herausnehmen
2	Zwiebeln, gehackt	in die Pfanne geben, dämpfen
2	Knoblauchzehen, gepresst	
1	Paprika, geschnitten	kräftig anbraten, herausnehmen in die Pfanne geben, dämpfen, mit
1 Tl	Salz	
2 Tl	Curry	
2 El	Sojasauce	
1 Tl	Sambal-Oelek (scharf!)	würzen
2 - 3	Schinkenscheiben	in Streifen schneiden, mit dem Reis und dem Hühnerfleisch in die Pfanne geben, mischen, anrichten.

Garnituren: 1 - 2 Omeletten aufrollen, fein schneiden, darauf verteilen oder geröstete Erdnüsse und Kokosflocken darüberstreuen.

◆ Kann auch mit chinesischen Nudeln zubereitet werden (= Bami Goreng).

◆ Anstelle von gewöhnlichem Reis Parfum-Reis verwenden.

INDIEN

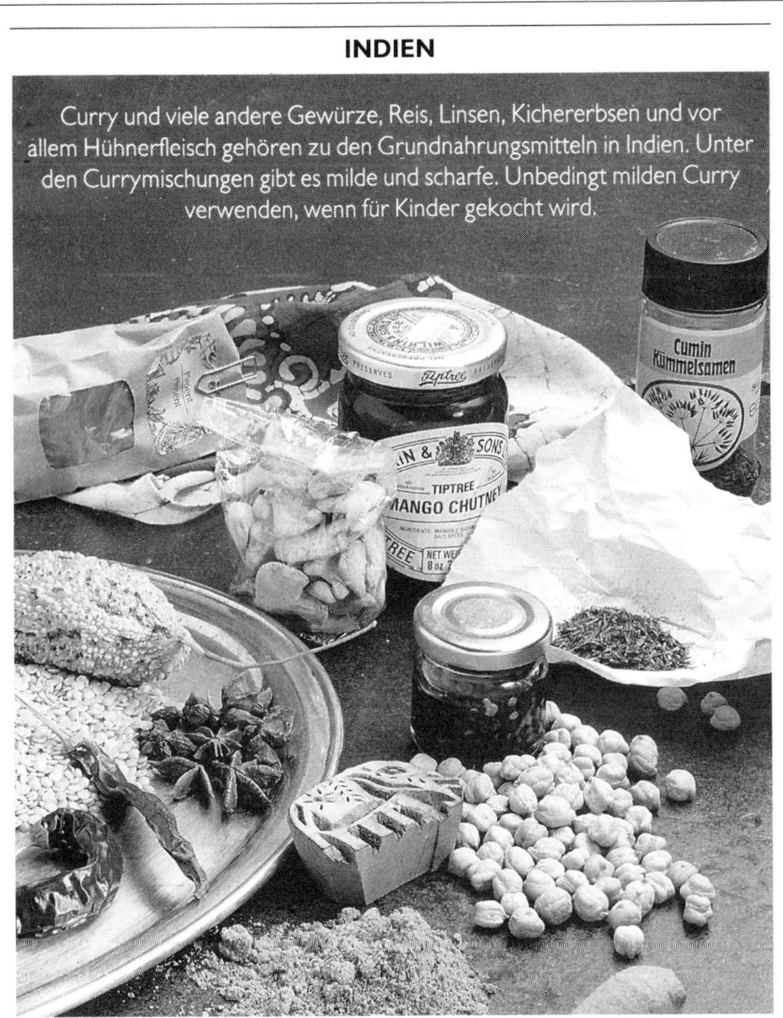

Curry und viele andere Gewürze, Reis, Linsen, Kichererbsen und vor allem Hühnerfleisch gehören zu den Grundnahrungsmitteln in Indien. Unter den Currymischungen gibt es milde und scharfe. Unbedingt milden Curry verwenden, wenn für Kinder gekocht wird.

Chicken-Curry

1 - 1,5 kg	Hühnerstücke	
1 1/2 Tl	Salz	
2 Tl	Curry	Fleisch würzen
2 - 3 El	Öl	erhitzen, Hühnerstücke darin langsam knusprig braten, aus der Pfanne nehmen
1	Zwiebel, gehackt	schneiden, beifügen
1	Apfel	fein dazuraffeln
1 El	Curry	
	wenig Cayennepfeffer	zugeben und unter
2 El	Mehl	Rühren dünsten
6 - 7 dl	Hühnerbouillon	dazugiessen, aufkochen, Hühnerstücke beifügen, zugedeckt 30 - 40 Min. köcheln lassen
3 - 4 El	Rahm	zum Verfeinern beigeben.

◆ Nach Belieben gebratene Apfel-, Bananen- oder Ananas-Scheiben dazu servieren.

Zitronenreis

Trockenreis kochen. Unter den fertigen Reis wenig Butter und abgeriebene Zitronenschale mischen.

Mandelreis

3 - 4 El geröstete Mandelsplitter über den angerichteten Reis streuen.

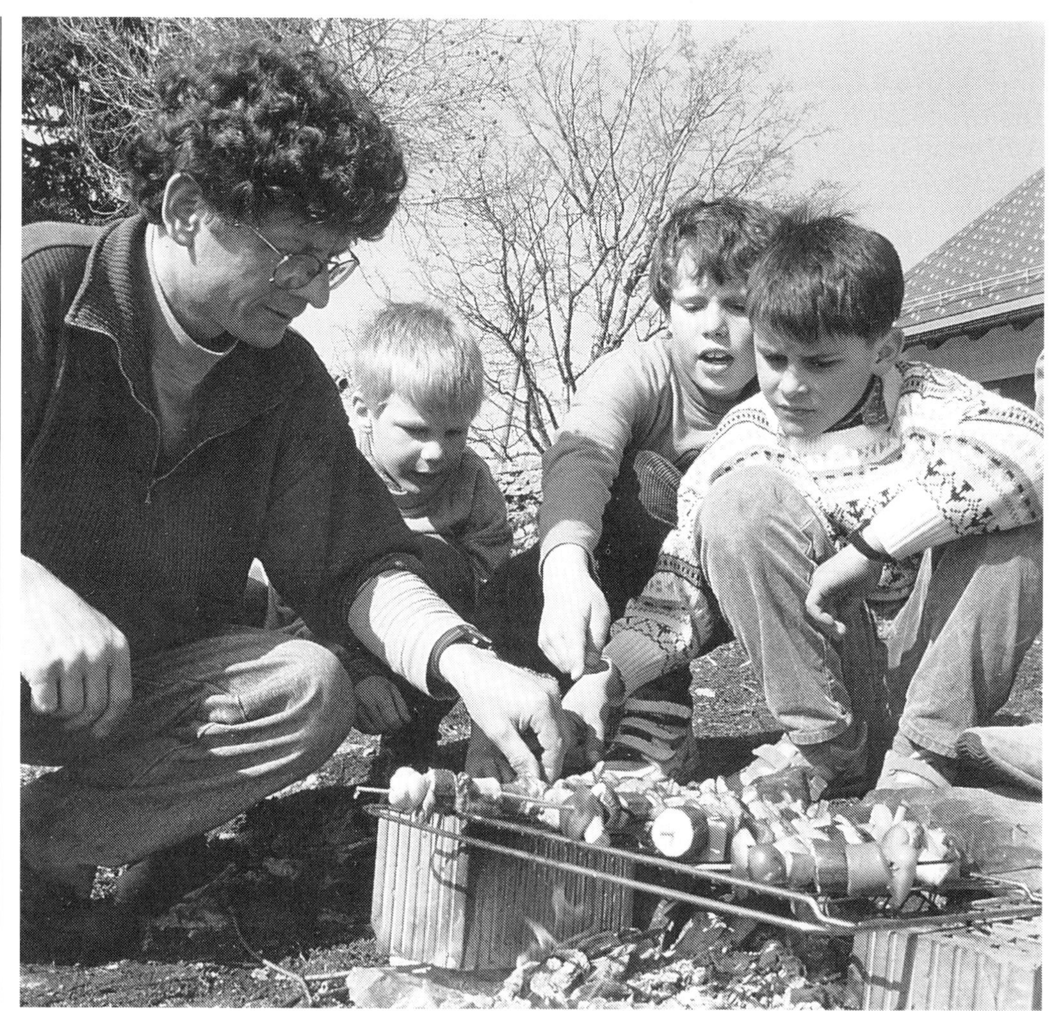

in Lagerfeuer gehört in jedes Sommerferienprogramm mit Jugendgruppen. Ein grosses Feuer entfachen, auf der ersten heissen Glut das Nachtessen selbst zubereiten und später, wenn der Sternenhimmel langsam aufzieht, Lieder singen, tanzen, klatschen und einander Geschichten erzählen; ein solcher Abend bleibt noch lange in schöner Erinnerung.

Tips

◆ Kochen und Grillen im Freien erfordern etwas Geduld und Ausdauer. Sollte das Essen gelingen und fein schmecken, braucht es kein Feuer mit lodernden Flammen, sondern eine starke und grosse Glut.

◆ Zuerst genügend trockenes, gelagertes Holz sammeln. Nasses, grünes und frisches Holz ergibt kein gutes Feuer. Grüne Weiden oder Haselnussastgabeln eignen sich als Spiess oder Rost, wenn kein Metallrost vorhanden ist.

Farbige Spiessli

Für originelle Spiessli (Fleisch- und Gemüsestücke am Spiess) eignen sich
verschiedene Gemüsestücke, grob und möglichst würfelförmig geschnitten
wie Zucchini, Zwiebeln, Paprika, Champignons, Gurken.
Fleischstücke für den Spiess, ebenfalls in Würfelform geschnitten, sind Hüh-
ner-, Rind- oder Schweinefleisch (Ragoutstücke, bereits vom Metzger in
Würfel geschnitten, eignen sich gut und sind billiger als andere Fleischstücke),
Fleischkäse, Landjäger, Cervelat-, Bratwurststücke oder andere Würste,
Speckscheiben.
Verschiedene Früchtestücke wie Birnen, Bananen, Pfirsiche, Äpfel lassen
sich ebenfalls braten.
Zum Würzen nach Belieben frischen Rosmarin oder andere
Kräuter anstecken.

Würzen und Einölen

Stellt eine Marinade her: Kräutersalz, Pfeffer, Paprika, wenig Curry,
wenn möglich frische Kräuter (Rosmarin, Mayoran). Vermischt die Kräuter
mit Öl und bestreicht damit die Spiessli. Danach müssen die Spiessli sofort
angebraten werden, sonst zieht das Salz den Saft aus dem Fleisch und es
wird trocken, evtl. Salz erst später beigeben.
Übrigens schmecken auch Gemüsespiessli ohne Fleisch ausgezeichnet!

Cervelats Zigeunerart

10	Cervelats	längs halbieren
10	kleine dünne Scheiben Käse	zwischen die Cervelathälften legen
10	Speckscheiben	die Cervelats mit der Specktranche umwickeln und auf einen Spiess aufstecken.

Hühnerschenkel

Marinade:

1 El	Senf	
1 El	Sojasauce	
	Paprika, Curry, Pfeffer	
1/2 Tl	Kräutersalz	
	evtl. frischer Rosmarin,	gehackt, mit
4 - 5 El	Öl	vermischen.

◆ Alles mit einem Schwingbesen gut verrühren,
Hühnerschenkel damit bestreichen. 1/2 - 1 Std. ziehen lassen.
Auf einem Rost grillen. Bratzeit 30 - 40 Min.

◆ In einer Marinade kann das Fleisch 3 - 4 Tage im Kühlschrank aufbewahrt
werden. In diesem Fall jedoch Marinade ohne Salz herstellen! Erst kurz vor
dem Anbraten salzen. Marinierte Hühnerschenkel können auch im Ofen
zubereitet werden. Bei 200° C ca. 30 - 40 Min. backen.

Baked Potatoes (gebackene Kartoffeln)

◆ Verwende grosse Kartoffeln, 1 - 2 Stück pro Person! Wenn die Knollen zu
klein sind, bleibt nach dem Braten nicht mehr viel zum Essen übrig.
◆ Die gewaschenen Kartoffeln in die Glut legen. 30 - 40 Min. schmoren
lassen. Mit einem Messer Garprobe machen. Die Kartoffeln halbieren
und aus der verbrannten Schale auslöffeln. Verwendet aus ökologischen
Gründen möglichst keine Alufolie.
◆ Die Backzeit wird verkürzt, wenn die Kartoffeln im Dampf 5 Min.
vorgekocht werden.

Baked Potatoes mit Käse

Vorgekochte Kartoffeln einschneiden und eine dünne Scheibe Raclettekäse dazwischenlegen. In der Glut 15 - 20 Min. backen.

Baked Potatoes mit Sauer-Cream

Die gebackenen, heissen Kartoffeln übers Kreuz einschneiden, etwas auseinandernehmen und einen Esslöffel Sauer-Cream einfüllen.

Sauer-Cream

200 g	Mager- oder Rahmquark
1 Becher	Sauerrahm
	Kräutersalz, Pfeffer, Paprika
2 El	evtl. frische, gehackte Kräuter, alles gut miteinander vermischen.

Knoblauchbrot

100 g	Butter	
2 - 3	Knoblauchzehen, gepresst	
1 Tl	Senf	
	Pfeffer, Kräutersalz	
1 - 2 El	evtl. geriebener Käse	
1 - 2 El	evtl. gehackte Kräuter	alles gut mischen geschmeidig rühren.

Das Brot (ca. 15 Scheiben) über der Glut leicht anrösten. Das Brot dann mit der Knoblauchbutter bestreichen. Kurz fertig rösten und essen.

Marinierte, gebackene Gemüsescheiben

	Auberginen, Zucchini, Paprika	Auberginen und Zucchini in Scheiben schneiden, Paprika in Viertel schneiden, mit
	Salz, Pfeffer	würzen
1 El	frische Kräuter (Basilikum, Rosmarin, Thymian)	
1	Knoblauchzehe, gepresst	
3 El	Öl	alles gut miteinander vermischen, vorbereitetes Gemüse damit bestreichen.

Grillen: dabei mehrfach wenden, 8 - 12 Min.
Nach Belieben zwischen zwei Gemüsescheiben ein Stück Raclettekäse legen.

Schmoräpfel mit Schokolade

10	Äpfel	waschen, Apfelschale rundherum mit einem Messer einritzen, Kerngehäuse entfernen
5	Schokoladenstengel, klein	halbieren, je eine Hälfte in die Äpfel stechen. Diese gefüllten Äpfel in Metallförmchen, auf ein altes Küchenblech oder in schon gebrauchte Alu-Förmchen stellen, ca. 15 Min. grillen.

◆ Als Füllung eignet sich auch eine Mischung aus 1 - 2 El Honig, 4 El gemahlenen Nüssen und 1 - 2 El Rosinen.

◆ Dieses Dessert schmeckt auch mit reifen Birnen sehr fein.

Schlangenbrot

Vorteig (Hebel):

100 g	Ruchmehl	
I TI	Honig oder Zucker	
I dl	Wasser, lauwarm	
12 g	Hefe	zu einem Teig verrühren, mindestens I Std. bei 20 ° C stehen lassen.

Teig:

900 g	Mehl nach Wahl	
I El	Salz	in einer Schüssel vermischen
	Vorteig	in der Mitte eine Mulde formen dazugeben
5 dl	Wasser oder Milchwasser lauwarm	dazugiessen, zu einem Teig zusammenfügen, 15 Min. kneten, Teig bei Zimmertemperatur mit einem feuchten Tuch bedeckt um das Doppelte aufgehen lassen (ca. 2 - 3 Std.).

◆ Nach Belieben einige Esslöffel Sesam- oder Mohnsamen, Kümmel, Sonnenblumenkerne, gehackte Nüsse oder frische Kräuter unter den Teig kneten.

◆ Der Brotteig kann auch schneller, ohne Vorteig zubereitet werden. Rechne aber die Vorteigmengen ebenfalls zum Rezept und verwende 25 - 30 g Hefe anstelle von 12 g.

Formen: Fingerdicke Rollen formen und diese um einen grünen vorgewärmten Stock ohne Rinde wickeln. Die Teigrollen sollten sich nicht berühren. Den Stock in zwei Astgabeln über einer starken Glut langsam drehen. Oder es drehen alle ihren eigenen Brot-Spiess von Hand über der Glut. Backen ca. 30 Min.

Schokobananen

5 - 10	Bananen	auf der Innenseite der Länge nach aufschneiden
75 - 150 g	Schokolade	jeweils I Reihe Schokolade in die Öffnung legen.

◆ Backen: Bananen mit der Öffnung nach oben in die Glut legen, bis die Schokolade geschmolzen ist . Ca. 15 - 20 Min.

◆ Dieses Dessert ist sehr nahrhaft, darum kleine Bananen oder nur eine halbe pro Person berechnen!

Sein Essen aus selbstgesammelten Wildkräutern zu kochen ist ein besonderes Erlebnis. Wildkräuter vermitteln uns neue Geschmackserlebnisse, sind meist sehr vitaminreich und haben oft heilsame und anregende Wirkungen.

Gehen wir mit offenen Augen durch die Natur, finden wir viele Kräuter und Waldfrüchte, die wir in unseren Menüplan miteinbeziehen können. Früher war es Brauch, dass am Sonntag die ganze Familie in den Wald zog, um Beeren, Pilze und Kräuter zu sammeln.

Wildkräuter-Tips

Wie suchen, pflücken, behandeln und verwenden

◆ Bärlauch gibt es im Frühling reichlich im Wald. Gepflückt werden die jungen, zarten Blätter, bevor die Pflanze blüht. Ungekocht sind sie auch eine ideale Beigabe in Frühlingssalaten und eignen sich zum Würzen anstelle von Knoblauch.

◆ Brennesseln sind überall anzutreffen. Man pflückt (mit Handschuhen!) die jungen Blätter und Sprossen von der Blüte, d. h. von März bis Juni. Als Salatbeigabe verwendet sollten sie kurz überbrüht und sofort abgeschreckt werden. Zusammen mit Löwenzahn und Sauerampfer ergeben Brennesselblätter auch ein feines Gemüse.

◆ Löwenzahn wächst überall. Sammelt aber nur die jungen Blätter, bevor die Pflanze blüht, von März bis Mai. Wem sie zu bitter schmecken, der legt sie 30 - 40 Minuten in kaltes Salzwasser.

◆ Die Sauerampfer wächst an Feld- und Wiesenrändern. Ihre Blätter sind vom Frühjahr (März) bis in den späten Herbst hinein als Suppengemüse oder für Saucen zu gebrauchen. Für Salate eignen sich die jungen Blätter von März bis April.

Bouillon mit Bärlauch

1,5 l	Gemüsebouillon	aufkochen
	einige Bärlauchblätter,	
	fein gehackt	dazugeben
2	Karotten,	
	in feinen Streifen	dazugeben, 1 - 2 Min. köcheln lassen, servieren.

Bärlauch-Pesto zu Spaghetti, Teigwaren oder Pellkartoffeln

50 g	Bärlauch	
2	Knoblauchzehen	
1/3 Tl	Salz	
	wenig Pfeffer	
50 g	geriebener Parmesan	
2 El	Pinienkerne oder Baumnüsse	
0,5 dl	Bouillon	
1 dl	Olivenöl	alles miteinander pürieren.

Bärlauch-Risotto (4 Personen)

Auch für Brunnenkresse geeignet.

1 El	Butter	schmelzen
1	kleine Zwiebel, gehackt	in der Butter glasig braten
200 g	Rundkorn-Reis	beifügen, glasig dünsten
1 dl	Weisswein	dazugiessen, kurz mitkochen
6 dl	Bouillon	aufgiessen, ca. 30 Min. köcheln lassen
60 g	Bärlauchblätter in Streifen geschnitten	
1 - 2 El	Sauerrahm	
60 g	Sbrinz	5 Min. vor Ende der Kochzeit Bärlauch, Sprinz und Sauerrahm daruntermischen.

Brennessel-Omelettenstreifen-Suppe

100 g	Mehl	in eine Schüssel sieben
60 g	Brennesselblätter	hacken, zum Mehl geben
2	Eier	
2 dl	Milch	
	wenig Salz	miteinander verrühren zum Mehl giessen und zu einem Teig verrühren, 15 Min. ruhen lassen.

◆ In heissem Öl kleine Omeletten backen, in dünne Streifen schneiden, auf die Teller verteilen und mit heisser Gemüsebouillon übergiessen.

Wild-Kräuter-Brötchen (4 Personen)

Verwendet dazu wilden Mayoran, Thymian, Bärlauch, Brennesseln.

50 g	Butter	weich rühren, mit
	Salz, Pfeffer	würzen
2 El	Wildkräuter, fein gehackt	daruntermischen
4	Scheiben Vollkornbrot	mit Wildkräuterbutter bestreichen.

◆ Nach Belieben 1 - 2 El geriebenen Käse daruntermischen.
Wild-Kräuter-Toast: Brote 10 - 15 Minuten im vorgeheizten Ofen bei 200° C backen.

Teigwarensalat mit Löwenzahn (4 Personen)

200 g	Teigwaren	in viel Salzwasser kochen, erkalten lassen
50 - 100 g	Löwenzahnblätter	waschen, leicht zerzupfen
50 g	Speckwürfel	glasig braten
50 - 100 g	evtl. Weichkäse	in kleine Würfel schneiden.

Sauce:

1 Tl	Senf	
	Kräutersalz, Pfeffer	
2	Löwenzahnblätter, fein gehackt	
3 El	Essig	
5 El	Öl	alles mischen Teigwaren, Speckwürfel und Löwenzahnblätter beigeben.

◆ Den Salat mit Löwenzahnblüten garnieren.

Tee

◆ Kräutertees – mit etwas Honig gesüsst – schmecken würzig und sind erst noch gesund, denn jedes Kräutlein hat eine bestimmte Heilwirkung im Körper.
Für Kräutertees eignen sich: Erdbeer-, Himbeer- und Brombeerblätter, Schlüsselblumen, Holunderblüten, Spitzwegerich, Silbermänteli, Ringelblumen, Lindenblüten, wilde Pfefferminze und Bergthymian.

Beeren

◆ Selbstgesammelte Waldbeeren mit etwas Joghurt oder Rahm, in einem Birchermüesli, in einem Frappé oder einfach in den Mund gesteckt schmecken himmlisch!

Im Wald findest du: Erdbeeren, Himbeeren, Brombeeren, Heidelbeeren, Holunderbeeren.

Für Garnituren: Löwenzahn, Ringelblumenblüten und Gänseblümchen verwenden.

Man unterscheidet zwischen gedünsteten und eingerührten Saucen. Gedünstete Saucen, die als Bindemittel oft Mehl enthalten, brennen schnell an, vor allem in grossen Mengen. Daher eignen sich die eingerührten Saucen besser.

Eingerührte Sauce (Grundrezept für 10 Personen)

6 dl	Flüssigkeit (Milch, Wasser, Bouillon) aufkochen	
4 El	Mehl	
2 dl	kalte Flüssigkeit	zusammen gut verrühren, dann unter ständigem Rühren in die Flüssigkeit einlaufen lassen, weiterrühren, bis es kocht, auf kleiner Stufe 5 - 10 Min. kochen, mit
	Salz, Pfeffer, Muskat	würzen
2 -3 El	Rahm	
1 Stück	Butter	am Schluss dazugeben.

Wichtige Hinweise

- ◆ 1/2 El Mehl bindet etwa 1 dl Flüssigkeit zu Sauce.
- ◆ Butter und Rahm verfeinern eine Sauce.
- ◆ Mehl oder Stärkemehl (Maizena) müssen immer mit kalter Flüssigkeit angerührt werden, sonst entstehen Knollen.
- ◆ Durch zu langes Kochen verliert Stärkemehl die Bindefähigkeit.

Gedünstete Sauce (Grundrezept für 10 Personen)

2 - 3 El	Butter	in einer Pfanne schmelzen
4 El	Mehl	dazugeben, mit der Butter dünsten, und gut mit der Butter verbinden,
8 dl	kalte Flüssigkeit (Milch, Wasser, Bouillon)	dazugiessen, unter ständigem Rühren aufkochen, zurückschalten, mit
	Salz, Pfeffer, Muskat	würzen 10 - 15 Min. kochen, ab und zu rühren
	evtl. Rahm	zum Verfeinern beigeben.

Béchamelsauce

Gedünstete oder eingerührte Sauce mit Milch zubereiten.

Käse-Schinkensauce

Gedünstete oder eingerührte Sauce mit Milchwasser zubereiten.
100 - 150 g Schinkenstreifen und 4 - 5 El geriebenen Käse in die fertige Sauce geben.

Currysauce

2 - 3 El Curry mit dem Mehl dünsten, Milchwasser zum Ablöschen verwenden, mit etwas Rahm verfeinern.

Kräuter-Rahmsauce

Gedünstete Sauce mit Milch zubereiten, am Schluss 2 - 3 El gehackte Kräuter und 1/2 dl Rahm daruntermischen.

Champignonsauce

200 g	frische Champignons	
1	kleine Zwiebel, gehackt	
1 El	frische Kräuter, gehackt	in der Butter dünsten
4 El	Mehl	darüberstreuen, mischen
1 dl	Weisswein	
7 dl	Bouillon	dazugiessen
		evtl. nachwürzen
		10 - 15 Min. kochen
1/2 dl	Rahm	am Schluss daruntermischen.

Sauce Bolognaise

2 - 3 El	Öl	erhitzen
700 g	gehacktes Rindfleisch	auf grosser Stufe, evtl. portionenweise anbraten
2 - 3	Karotten	
wenig	Sellerie	
wenig	Lauch	waschen, rüsten, fein schneiden oder raffeln,
2	Zwiebeln, gehackt	
2	Knoblauchzehen, gehackt	zugeben, mitdämpfen
2 - 3 El	Mehl	darüberstreuen, mischen
1 dl	Rotwein	dazugiessen
1 kg	Tomaten, gehackt	zugeben
3 - 4 El	Tomatenpüree	beifügen, mischen
8 dl	Bouillon	dazugiessen, mit
	Pfeffer, Kräutersalz, Lorbeerblätter, Basilikum, Majoran	würzen
		1/2 Std. kochen lassen.

◆ Tomaten durch Pellati ersetzen.

◆ Gemüse evtl. weglassen.

Tomatensauce

2	Zwiebeln, gehackt	
2	Knoblauchzehen, gehackt	
2 - 3 El	Öl	erhitzen
		Knoblauch und Zwiebeln
		beigeben, dünsten
2 El	Mehl	darüberstreuen, mischen
150 - 200 g	Tomatenpüree	dazugeben
3 - 4	Tomaten, gehackt	beigeben
1 l	Bouillon	dazugiessen, mit
1 - 2 Tl	italienische	
	Kräutermischung:	
	(Basilikum, Thymian,	
	Majoran, gemischt)	würzen
		10 - 15 Min. kochen
2 - 3 El	Rahm	zum Verfeinern zugeben.

Gemüsesauce

300 - 400 g feingeschnittenes Saisongemüse mit den Zwiebeln dämpfen, Tomatenpüree auf 50 g reduzieren, am Schluss wenig Rahm dazumischen.

Gorgonzolasauce

2,5 El	Stärkemehl	
8 dl	Milch	in einer Pfanne verrühren
300 g	Gorgonzola, in Würfeln	zur Milch geben
1 - 2	Knoblauchzehen, gepresst	
	Kräutersalz, Pfeffer	unter Rühren zum Kochen
		bringen, wenn die Sauce
		eindickt, vom Herd nehmen
		und sofort servieren.

Gorgonzola-Nussauce

2 - 3 El gehackte Nüsse in einer Pfanne rösten und unter die fertige Sauce mischen.

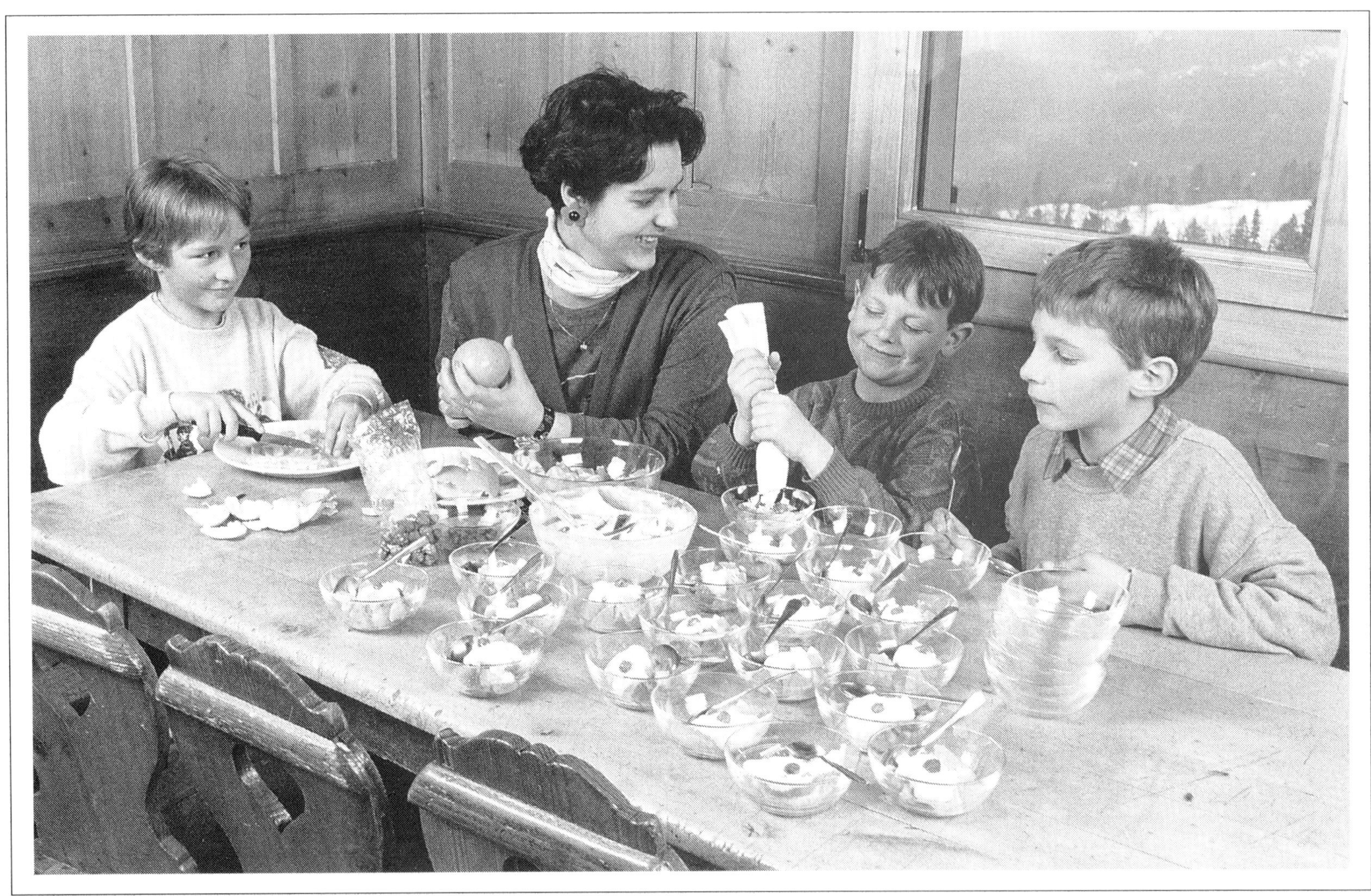

Desserts sind oft das "Pünktchen auf dem i", sei es nach einem leichten Essen oder als Zwischenverpflegung, kreiert als Überraschung oder passend zum Ferienmotto. Mit etwas Phantasie könnt ihr mit einfachen Zutaten schön garnieren und viel Freude bereiten. Ein Überraschungsdessert beeinflusst das Stimmungsbarometer immer positiv.
Diverse Shakes und Frappés siehe unter "Getränke".

Cremen

◆ Für kleine Mengen lohnt es sich, die Cremen selbst herzustellen. Achtung: Cremen nur kurz aufkochen und nicht sprudeln lassen, sonst gerinnen die Eier! Cremen brennen in der Pfanne schnell an, daher immer gut rühren.
◆ Cremen, Puddings und Caramelköpfli aus dem Beutel sind schnell zubereitet und eignen sich vor allem für grosse Mengen. Es gibt Cremen zum Kaltanrühren oder zum Kochen. Auch Grosspackungen sind erhältlich. Anleitung gut lesen!

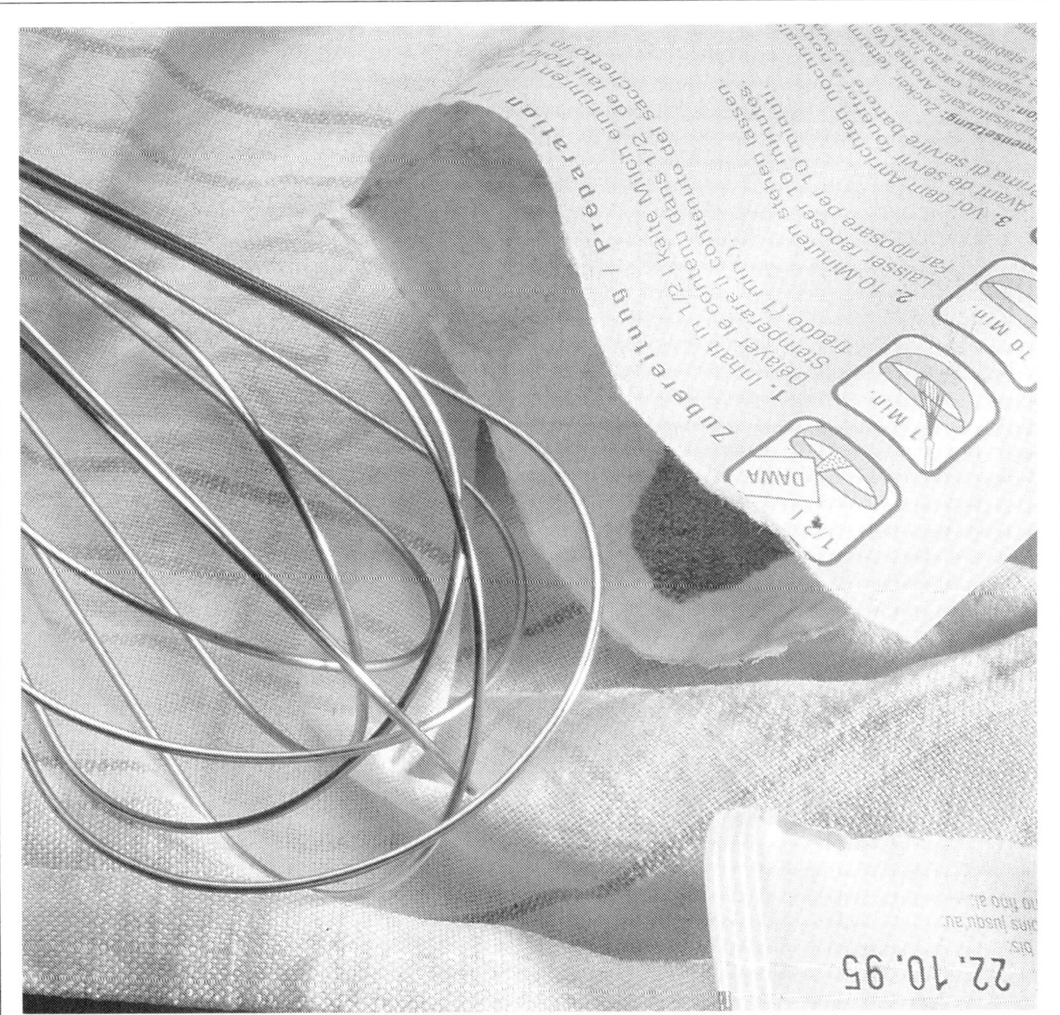

Vanillecreme

4 El	Stärkemehl (z. B. Maizena)	in eine Pfanne geben
1,6 l	Milch	Stärkemehl mit der Milch gut verrühren
4	Eier	
3 - 5 El	Zucker	beifügen, gut verrühren
1	Vanillestengel oder	aufschneiden
2 - 3 El	Vanillezucker	zugeben
		unter ständigem Rühren zum Kochen bringen, in eine Schüssel giessen, abkühlen lassen, ab und zu rühren, damit es keine Haut gibt.

◆ Eventuell mit Rahm verfeinern.
◆ Nach Belieben geschnittene Früchte daruntermischen.

Schokoladecreme

Gleiche Zubereitung wie Vanillecreme, jedoch statt Vanille 200 g gehackte Schokolade oder 6 El Schokoladenpulver und 3 El Kakao beigeben. Weniger Zucker verwenden!

◆ Eventuell mit steifgeschlagenem Rahm verfeinern und garnieren.
◆ Mit Schokoladenspänen oder -streusel garnieren.
◆ Mit Birnenstücken ergänzen.

Tag- und Nachtcreme

◆ Vanille- und Schokoladencreme gleichzeitig in das gleiche Gefäss giessen.
◆ Mit Gabel oder Zahnstocher ein Marmormuster anbringen.

Süssmostcreme

4 El	Stärkemehl	in eine Pfanne geben
1,5 l	Süssmost	mit Stärkemehl gut anrühren
3 - 4 El	Zucker	zugeben, gut mischen
4	Eier	unter ständigem Rühren bis zum Kochen bringen, zum Abkühlen in eine Schüssel geben
1	Zitrone, nur Saft	daruntermischen
1 - 2 dl	Rahm, steif	unter die Creme ziehen.

◆ Nach Belieben 1/2 Tl Zimt dazugeben oder 1 - 2 geraffelte Äpfel daruntermischen.
◆ Mit Apfelscheiben garnieren.

Schokoladen-Maus

10	gekochte Birnenhälften	auf Teller verteilen, mit der Wölbung nach oben
1/2 Portion	Schokoladencreme	über die Birnen verteilen
20	geschälte Mandeln	für die Ohren in die Birne stecken
10	Rosinen	für das Schnäuzchen
1 - 2 dl	Rahm, steif	mit dem Dressiersack ein Schwänzchen spritzen.

Schokoladen-Igel

Wie Schokoladen-Maus vorbereiten.
Den Igelkörper dann mit gerösteten Mandelsplittern bespicken und als Augen je 2 Rosinen in die Birne stecken.

Geburtstagskuchen (Grundrezept)

125 g	weiche Butter	rühren, bis sie weich und geschmeidig ist
3	Eier	
125 g	Zucker	
1 Prise	Salz	abwechslungsweise dazugeben, gut verrühren, bis die Masse hell ist
1/2 El	Vanillezucker	
1,5 dl	Milch	dazugeben, mischen
250 g	Mehl	
1 El	Backpulver	mischen, dazusieben, verrühren, in eingefettete Form füllen, bei 180° C ca. 40 Min. in der unteren Ofenhälfte backen.

Varianten für Geburtstagskuchen:

100 - 200 g Rosinen unter die fertige Teigmasse mischen

100 - 200 g kandierte Früchte oder

100 - 200 g gehackte oder gemahlene Nüsse oder

100 - 150 g Schokoladenstückchen oder

100 - 200 g Dörrfrüchte (Feigen, Zwetschgen, Aprikosen …) oder
den Teig teilen und die eine Hälfte in eine Kuchenform füllen. Unter die andere Teighälfte 3 El Schokoladenpulver, 1 El Kakaopulver und 1 - 2 El Milch mischen, danach diesen Teig ebenfalls in die Form füllen und mit einer Gabel leicht mischen, damit ein Marmormuster entsteht.

Geburtstagskuchen garnieren

Geburtstagskuchen nach Grundrezept in einer runden Form backen. 3 dl Rahm steif schlagen, mit einem Spachtel gleichmässig auf der Torte verteilen, mit verschiedenen Früchten garnieren.

Mit Schokoladenglasur

120 g	Schokolade	
3 El	Wasser	in einer Pfanne miteinander vorsichtig auf kleiner Stufe schmelzen
1 El	Butter	beigeben, schmelzen
1 - 2 El	Puderzucker	dazusieben, glattrühren, sofort auf die vorbereitete Torte geben und durch Schräghalten gleichmässig verteilen.

◆ Die Torte mit Silberkügelchen, Smarties, Nüssen, Kerzchen oder Wunderkerzen verzieren.

Zwieback-Quark-Tiramisu

500 g	Quark	
2 - 3 dl	Milch	
6 El	Ahornsirup oder Honig	
2 Tl	Vanillepulver	
3	Orangen oder Zitronen, nur Schale	alles einige Minuten kräftig schlagen die Hälfte der Creme in eine flache Form giessen
200 g	Zwieback, Löffelbiscuits oder andere Biscuits	auf der Quarkmasse verteilen
2 - 3 dl	Getreidekaffee oder Orangensaft	im heissen Zustand Zwieback damit beträufeln.

Dann die restliche Quarkcreme darüber verteilen und mindestens 3 Stunden kaltstellen.

◆ Vor dem Servieren mit Kakao oder Schokoladenpulver bestreuen.

Fruchtsalat

2 El	Honig oder Zucker	
1 - 2	Zitronen, nur Saft	
	evtl. einige gehackte Pfefferminz-	
	oder Zitronenmelissenblättchen	
		gut miteinander vermischen
1,5 - 2 kg	Saisonfrüchte	waschen, evtl. schälen, in kleine Stücke
		schneiden, in die Schüssel geben und gut mit
		dem Saft vermischen, 1 - 2 Std. ziehen lassen.

◆ Nach Belieben Vanillerahm und Eis dazu servieren.

Apfelsalat

1/2	Zitrone, nur Saft	
2 El	Zucker oder Honig	
10 El	Joghurt nature	in einer Schüssel gut verrühren
2 - 3 El	Korinthen	dazugeben
6 - 8	Äpfel	waschen, evtl. schälen, in kleine Stücke schnei-
		den oder grob dazuraffeln und sofort mischen
3 - 4 El	gehackte oder gemahlene Nüsse evtl. geröstet darüberstreuen.	

Süsser Herbstsalat

1 dl	Süssmost	
1/2 El	Birnendicksaft, Zimt, Ingwer	in einer Schüssel mischen
500 g	Herbstfrüchte schneiden,	sofort mit der Sauce mischen, zu-
		decken, 20 - 30 Min. stehen lassen
1 - 2 El	Buchweizen	
	oder Mandelsplitter	rösten und vor dem Servieren mit
		den Früchten mischen.

Früchtequarkcreme

600 g	Rahmquark	
0,5 dl	Wasser	zusammen luftig schlagen
2 El	Zucker, Honig, Birnendicksaft	
	oder Vollrohrzucker	
1	Zitrone, nur Saft	zum Quark geben, gut verrühren
300 - 400 g	Saisonfrüchte	waschen, schneiden oder raffeln,
		mit dem Quark mischen.

◆ Nach Belieben Zimt oder Vanille dazugeben.
◆ Anstelle von frischen Früchten konservierte Früchte, Früchtekompott
  oder auch Reste daruntermischen.
◆ Anstelle von Quark Joghurt nature verwenden,
  dann aber das Wasser weglassen.

Pfirsich- oder Orangenrosetten

6 - 8	Pfirsiche oder Orangen	waschen, in gleichmässige Schnitze
		schneiden und rosettenförmig auf zehn
		Tellern anrichten
100 g	Magerquark	
1 El	Vanillezucker	miteinander vermischen
1 dl	Rahm, steif	unter den Quark ziehen, in einen Spritz-
		sack mit Sterntülle füllen und die Masse
		hübsch in die Mitte spritzen,
		sofort servieren.

◆ Wenig gemahlene Nüsse oder Schokoladenstreusel darüberstreuen
  oder mit einer ganzen Nuss garnieren.

Apfelmus (Früchtekompott)

2 kg	Äpfel (oder andere Früchte)	schälen, in Scheiben schneiden, in eine Pfanne geben
4 dl	Wasser oder Apfelsaft	dazugiessen
I	Zimtstengel oder gemahlener Zimt	
1/2	Zitrone, nur Saft	dazugeben, mit
4 - 6 El	Zucker oder Birnendicksaft	süssen, mischen, zudecken, zum Kochen bringen, auf kleiner Stufe 10 - 20 Min. köcheln lassen, anschliessend pürieren.

Vorsicht: Flüssigkeit kontrollieren! Zimtstengel vor dem Pürieren entfernen!
◆ Für Apfelmus können gut auch beschädigte Früchte oder Kochäpfel verwendet werden.
◆ Geschlagenen Rahm mit Zimt und Vanillezucker dazu servieren.

Bayrisch Bier

Vanillecreme: aus 5 dl Milch zubereiten, auskühlen lassen.
Apfelmus: aus 1,5 kg Äpfel zubereiten.
Caramelsirup: 10 El Zucker rösten, mit 1 dl heissem Wasser ablöschen und kurz zu Sirup einkochen.
5 dl Rahm steif schlagen und in Spritzsack füllen. Vanillecreme, Caramelsirup und Apfelmus in ein Glas schichten und obenauf den Rahm (Bierschaum) garnieren.

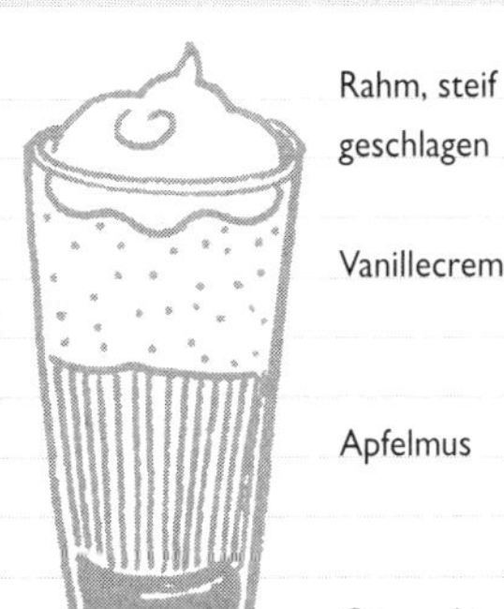

Falsche Spiegeleier

5	Pfirsiche oder Aprikosen	entzweischneiden, (Stein entfernen!)
6 dl	Wasser	
2 El	Zucker	
I	Zimtstengel	zusammen aufkochen, Pfirsiche knapp weich kochen, Haut entfernen, auskühlen lassen.
600 - 800 g	Rahmquark	
I dl	Milch	
2 - 3 El	Zucker	
1 - 2 El	Vanillezucker	miteinander verrühren, auf 10 Teller verteilen, je eine Aprikosen- oder Pfirsichhälfte in die Mitte der Creme legen
	evtl. Zimt	darüberstreuen, servieren.

◆ Sind die Früchte sehr reif, müssen sie nicht gekocht werden.
◆ Pfirsiche oder Aprikosen aus dem Glas oder aus der Büchse verwenden.
◆ Die Kochflüssigkeit als Getränk oder für den Tee weiterverwenden.
◆ Nach Belieben ein Vollkornzwieback oder ein Nussmakrönchen unter die Quarkcreme legen.

Garnituren für Desserts

◆ Früchte, Beeren, Nüsse, Rahm, Schokoladenstreusel oder -späne, Smarties, Silberkügelchen, Zuckerblumen, Sirup und Zucker für den Rand der Gefässe.
◆ "Lindt-Hauchdünn": Beliebige Ausstechformen ins heisse Wasser tunken und "Lindt-Hauchdünn" damit ausstechen.
◆ Stäbchenkerzchen, Wunderkerzchen, Zitronenmelissenblättchen, Wiesenblumen.

ZWISCHENMAHLZEITEN

Vergesst nicht das z'Nüni, z'Vieri, die Brotzeit, Vesper, Jause und wie die Zwischenmahlzeiten auch immer heissen. Sie sorgen im Lager für Abwechslung, Unterbruch und Pause. Bestimmt einen Tisch, auf dem immer etwas zum Essen bereit steht (Brot, Früchte), und wo sich bedienen kann, wer hungrig ist.

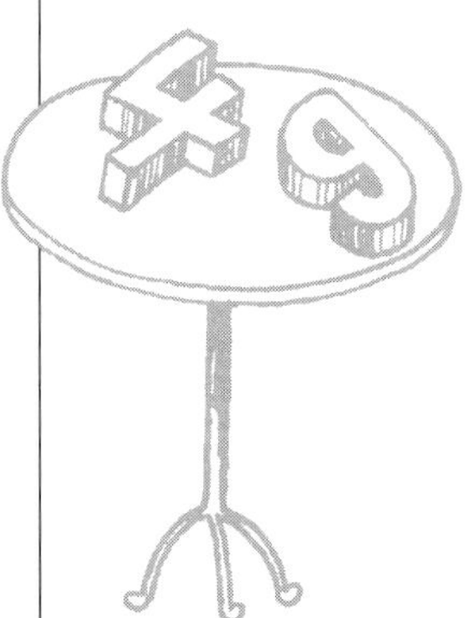

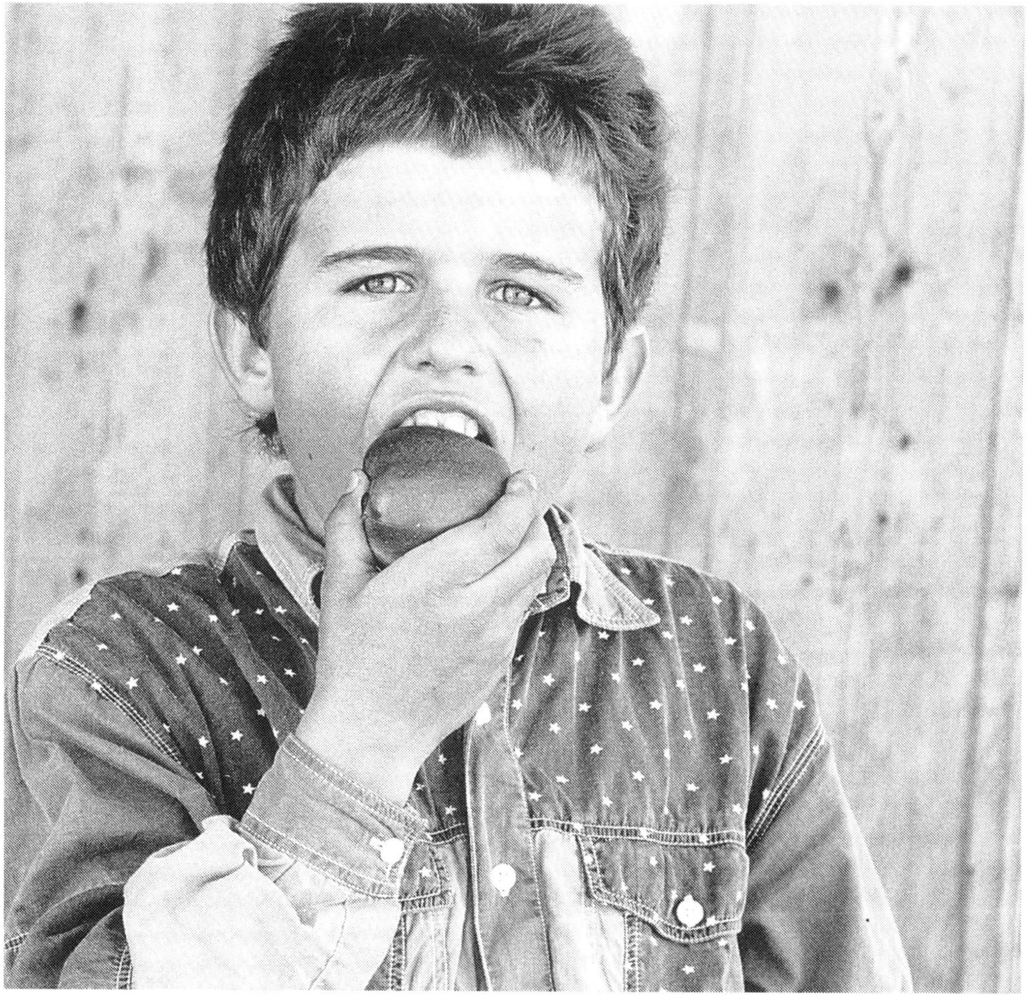

Nuss-Honig Brotaufstrich

125 g	Butter oder Quark	weichrühren
70 g	gemahlene Haselnüsse	
1 Tl	Honig	
1 Prise	Zimt	
1 Prise	Vanillezucker	alle Zutaten beigeben und verrühren.

Brot, Zwieback, Darvida oder Knäckebrot mit dem Aufstrich bestreichen.

Backpulverbrötchen

300 g	Mehl	
2 Tl	Backpulver	
3/4 Kl	Salz	in einer Schüssel verrühren
50 g	flüssige Butter	
2,5 dl	Milch	mischen und mit einer Holzkelle Mehl mit der Flüssigkeit von der Mitte her anrühren.

Mit einem Eisportionierer oder 2 Löffeln Brötchen formen und auf ein gefettetes Blech legen. Obige Mengen reichen für 8 - 10 Brötchen.
Nach Belieben mit Sesam, Mohn oder Sonnenblumenkernen bestreuen.
Backen: Bei 220° - 250° C 10 - 15 Min. in der Mitte des vorgewärmten Ofens.

Rosinenbrötchen

Wie Backpulverbrötchen zubereiten. Zusätzlich 2 El Zucker,
1 El Vanillezucker und 3 El Rosinen zum Mehl geben.

Einige weitere Vorschläge für Zwischenmahlzeiten:

◆

Dessert wie Caramelköpfli, Creme

◆

Frappé oder Milchshake

◆

Früchte oder Fruchtsalat

◆

Stück Kuchen, ein Biscuit

◆

Müesli oder Getreideriegel

◆

Schokolade und Vollkornbrot

◆

Dörrfrüchte mit Nüssen

◆

Popcorn (Kinder selbst zubereiten lassen)

◆

Joghurt

◆

Schokoladegetränk

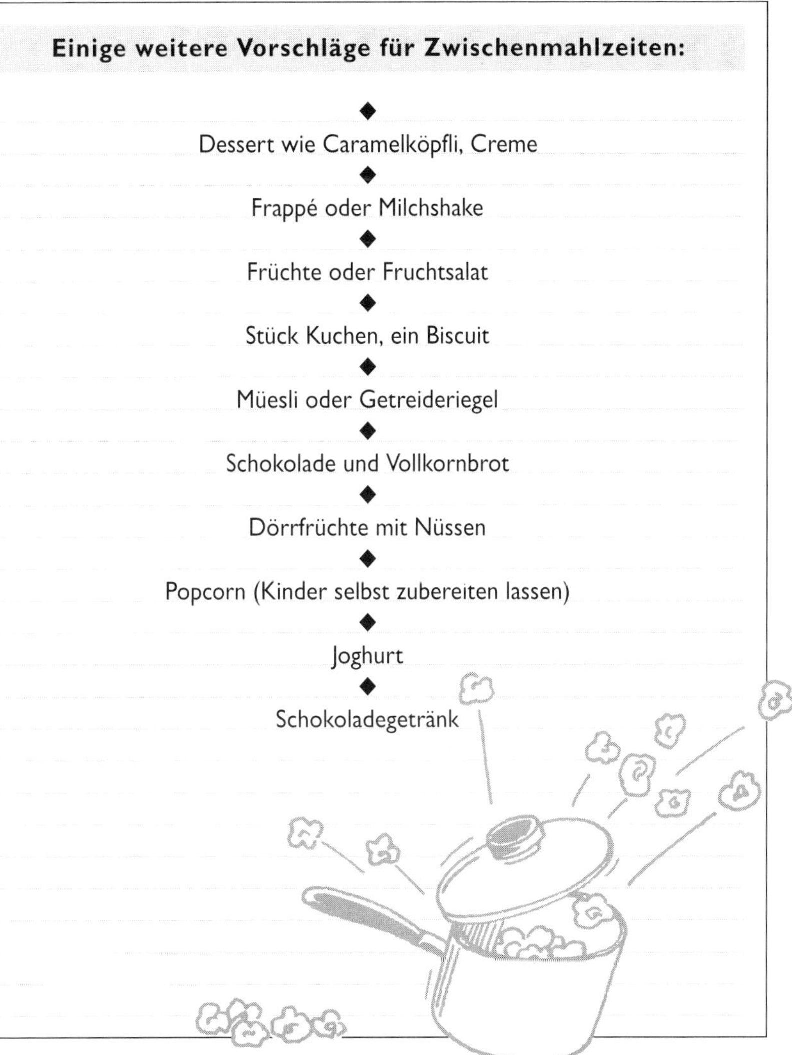

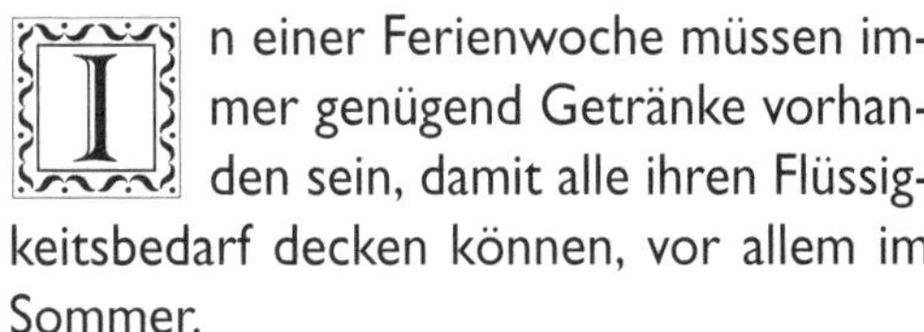

In einer Ferienwoche müssen immer genügend Getränke vorhanden sein, damit alle ihren Flüssigkeitsbedarf decken können, vor allem im Sommer.

Tee

Tee ist das hauptsächliche Getränk in einem Jugendlager. Am Morgen sollte der Tee für den ganzen Tag frisch zubereitet werden, mit wenig Zucker und Zitronensaft.

Je nach Jahreszeit den Tee kalt, lauwarm oder heiss abgeben.
Zum Süssen den Zucker in den heissen Tee geben, damit er sich gut auflöst.
Teekräuter (z. B. Pfefferminz, Schwarztee) nicht zu lange ziehen lassen (3 - 5 Min.), damit der Tee nicht bitter wird.

Auch beim Tee ist Abwechslung wichtig, darum verschiedene Teemischungen ausprobieren. Mischt auch selbstgesammelte Kräuter dazu!

Teemischungen:

Pfefferminze, Lindenblüten, Zitronensaft;
Hagenbutten, Zitronensaft;
Früchteschale, Lindenblüte;
Schwarztee, Zitronensaft

Nach Belieben:

Orangen-, Zitronenschale, Zimtstengel, Gewürznelken, Muskat, Sternanis, Vanillestengel mitkochen.
Orangen- oder Zitronensaft dem fertigen Tee beifügen.

Tee-Konzentrat
(nur wenn die Zeit drängt)
Ganze Teekräutermenge mit wenig Wasser zubereiten, ziehen lassen, absieben, süssen, mit kaltem Trinkwasser auffüllen.

Wirkung verschiedener Teesorten

Schwarztee und Pfefferminze:
regen an, daher nicht vor dem Schlafengehen servieren.

Kamille:
Bauchwehtee gegen Blähungen, Magen- und Darmbeschwerden, Kompressen bei Entzündungen.

Pfefferminze:
krampflösend bei Übelkeit, Brechreiz.

Zitronenmelissen/Orangenblüten:
zur Beruhigung

Lindenblüten:
die Schwitzkur bei Grippe, Erkältung, Fieber.

Salbei:
Gegen Erkältung, desinfiziert Zahnfleisch, Mund- und Rachenschleimhäute.

Eis-Tee

2 l	Wasser	aufkochen, vom Feuer nehmen
6	Beutel Schwarztee	Teebeutel dazugeben, 5 Min. ziehen lassen, Teebeutel entfernen
4 - 6 El	Zucker	Zucker und Zitronensaft zugeben,
2	Zitronen, nur Saft	umrühren, auskühlen lassen, eiskalt servieren.

Spritziger Drink (Erfrischungsgetränk)

2 l	Mineralwasser	
2 Handvoll	frische Pfefferminze	
2	Zitronen, Saft und Schale	zusammen mischen
2 El	Birnendicksaft, hell	dazugeben, gut mischen, einige Stunden ziehen lassen, kühl servieren, mit Zitronenscheibe garnieren.

Apfel-Minze-Getränk

2 Handvoll	Pfefferminze	in einen Krug geben
2 l	Wasser	aufkochen, darübergiessen, auskühlen lassen
1 - 2	Zitronen, nur Saft	
0,5 l	Apfelsaft	
0,5 l	Wasser oder Mineralwasser mit Kohlensäure evtl. Zucker oder Birnendicksaft	alles dazugeben, gut mischen, kühl servieren.

DRINKS

Früchtebowle - einfache Art

500 g	Saisonfrüchte	schneiden, in eine Schüssel geben
2 - 3 El	evtl. Zucker	darüberstreuen
2 l	Süssmost/Apfelsaft evtl. Obstsaftkonzentrat	dazugiessen
	einige Zitronenscheiben	beifügen, kühl servieren.

◆ Nur eine Fruchtsorte verwenden, z. B. Erdbeeren oder Pfirsiche.

Früchtebowle - spezielle Art

500 g	Saisonfrüchte	schneiden, in eine Schüssel geben
2 - 3 El	Zucker	darüberstreuen
1	Zitrone in Scheiben	
	einige frische Zitronenmelisseblätter	
	Pfefferminzeblättchen	garnieren
1	Gewürzsäckchen	
1 l	Apfelsaft oder weisser Traubensaft	dazugiessen, einige Stunden. zugedeckt kühl stellen
1 l	kaltes Mineralwasser mit Kohlensäure	dazugiessen, servieren.

Gewürzsäckchen: 1/2 Zimtstengel, 1/2 Vanillestengel, 1 - 2 Gewürznelken, 1 Lorbeerblatt

Sangria (aus Spanien, ohne Alkohol)

1 l	roter Traubensaft evtl. mit Wasser verdünnen evtl. wenig Zucker	in einem Krug gut verrühren
1 Messerspitze Zimt		
1/2	Zitrone, in dünnen Scheiben	beigeben, gut umrühren
1	Orange, in dünnen Scheiben	
1	Pfirsich, in kleinen Stücken	3 - 4 Std. kühlstellen.

◆ Für Erwachsene kann der Traubensaft durch Rotwein ersetzt werden.

Birnen-Shake

5	reife Birnen, in kleinen Stücken	
1 l	Joghurt nature oder Milch	
3 - 4 El	Birnendicksaft oder Zucker	
	wenig Vanille	alles im Mixer pürieren.

Mit Schokoladestreusel bestreuen.

Apfel-Zimt-Shake

5	Äpfel, in Würfel	
2 El	Honig	alles zusammen im Mixer
1,5 l	Joghurt nature oder Milch	pürieren
1/2 Tl	Zimt	in Gläser abfüllen.

◆ Mit Zimt bestreuen.

Apfelsaft-Punch (wird heiss serviert)

3 dl	Wasser	
80 g	Zucker oder Birnendicksaft	
2	Zimtstengel	zusammen 5 Min. köcheln lassen, vom Herd nehmen
1 l	Apfelsaft	
2 dl	Orangensaft	dazugiessen, nur noch heiss
2	Zitronen, nur Saft	werden lassen, nicht kochen
2 dl	Wasser	in Gläser füllen und mit Zitronenscheiben garnieren.

◆ Besonders im Winter beliebt!

Milch-Shake

300 g	Saisonfrüchte	vorbereiten, in Messbecher geben
I El	Zitronensaft	
I El	Zucker, Honig oder	
	Birnendicksaft	
8 dl	Milch	alles miteinander mixen
	wenig Vanille	kühl servieren.

◆ Anstelle von Saisonfrüchten und Zitronensaft 4 El kaltlöslichen Kaffee
oder Schokoladepulver verwenden.

Frappé

Milch-Shake zubereiten und 200 g Vanille oder Fruchteis mit den Früchten
mixen. Kühl, mit Trinkhalmen servieren.

Einfache-Sirup-Drinks

Verschiedene Siruparomen (Orangen-, Zitronen-, Himbeersirup)
in Gläser anrichten. Mit Wasser aufgiessen.
Melonenstücke, Bananenrädchen, Äpfel-, Birnenstücke
in die verschiedenen Gläser aufteilen.

Kakao

4 El	Kakaopulver	in Pfanne geben
2 dl	kaltes Wasser	Kakaopulver anrühren, aufkochen
1,5 l	Milch	dazugiessen, erhitzen, von Zeit zu
		Zeit rühren
	Zucker	nach Belieben, noch einmal gut rühren.

◆ Zubereitungsanleitung auf der Packung lesen.

◆ Vorsicht mit dem Zucker, denn es gibt auch gesüsstes Kakaopulver!

Garnituren:

◆ Angesteckte Zitronen- und Orangenscheiben.

◆ Schwimmende Zitronen- und Orangenscheiben.

Eiskristallrand: 2 El Zucker auf einen Teller geben, wenig Wasser in einen
anderen Teller geben. Man nehme ein Glas und tunke den Glasrand zuerst in
das Wasser im Teller und dann in den Zucker auf dem anderen Teller. Anstelle von Wasser verschiedene Sirupe verwenden, das ergibt farbige Ränder.

◆ Farbige Spiessli mit Fruchtstücken.

◆ Drinks eignen sich gut als Dessert, Apèro oder als Zwischenverpflegung.

KÜCHE

◆ Wasser für Teigwaren, Kartoffeln usw. erst salzen, wenn es kocht. Wird das Salz vorher schon beigegeben, braucht das Wasser länger, bis es kocht!

◆ Fleisch würzen: Schnell geht es, wenn alle Gewürze in einem Schälchen gemischt und dann übers Fleisch gestreut werden.

◆ Wer wenig Erfahrung beim Kochen für grosse Gruppen hat, muss unbedingt genügend Zeit einrechnen. Anrichten braucht viel Zeit, besonders, wenn Garnituren dem Essen einen leckeren Anblick verleihen sollen. Das Öffnen von 10 Paketen Spaghetti oder 5 Dosen braucht auch seine Zeit. Bei den Vorbereitungsarbeiten müssen genügend Leute mithelfen.

◆ Geschmäcker sind verschieden. Unbekannte und scharfe Gewürze vorsichtig verwenden, und sich so an den Durchschnittsgeschmack halten. Was serviert wird, muss vorher gekostet werden! Nachwürzen kann man Immer, Würze wieder heraus bringen ist schwieriger.

◆ Wenn zu viel Salz in Suppen oder Saucen gerät: Einige Kartoffeln mitkochen und am Schluss wieder entfernen. Mit Milch oder Rahm verdünnen.

◆ Wenn die Salatsauce zu sauer ist: Zucker, Rahm, Milch, Quark oder Bouillon beifügen.

◆ Wenn die Speisen angebrannt sind: Sofort in eine andere Pfanne umschütten, Angebranntes nicht aufkratzen. Pfanne zum Reinigen mit Wasser einweichen. Vielleicht zusätzlich mit Schmierseife aufkochen!

◆ Pfannen mit angebrannten Speisen wie folgt reinigen: Wasser und Salz oder Backpulver in die Pfanne geben und 10 - 30 Min. köcheln lassen.

◆ Wenn die Sauce zu dünn ist: Stärkemehl mit kalter Flüssigkeit anrühren und in die kochende Flüssigkeit einlaufen lassen, oder mit Fertigsaucenbinder (kann direkt in die Flüssigkeit gegeben werden) nachbinden.

◆ Bratpfannen, vor allem aus Gusseisen, nie mit Abwaschmittel reinigen. Nach Gebrauch mit einem weichen Papier säubern. Wenn nötig Salz (ohne Wasser) einstreuen und mit einem Papier die heisse Pfanne ausreiben. Nach dem Reinigen immer mit Öl einreiben und kurz erwärmen.

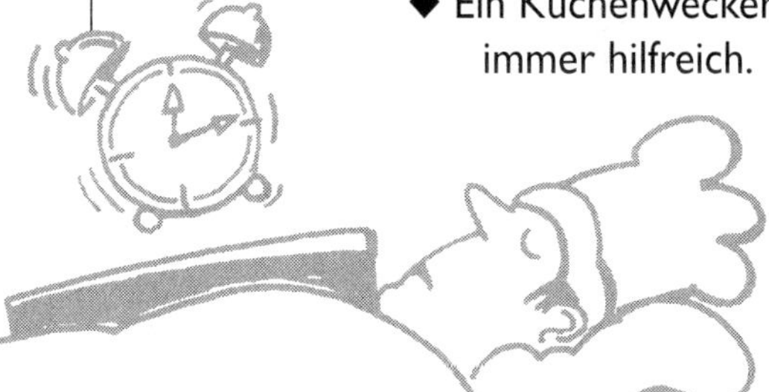

◆ Ein Küchenwecker ist immer hilfreich.

◆ Kalk- und Wasserflecken an Pfannen und auf Chromstahl mit Essig reinigen.

◆ Rohmilch ist vielen Leuten zu fett. Nach längerem Stehenlassen kann der Rahm, der obenaufschwimmt abgeschöpft und zum Kochen verwendet werden.

◆ Weitere Tips sind bei den einzelnen Rezepten vermerkt!

In einer Lagerküche sind viele Arbeiten zu verrichten, bei denen das Küchenteam vom Leitungsteam oder den TeilnehmerInnen unterstützt werden sollte, zum Beispiel beim:

◆

Servieren

◆

Abräumen

◆

Abwaschen

◆

Erledigen kleiner Einkäufe

◆

Rüsten von Gemüse,
Früchten, Kartoffeln

◆

Vorbereiten von Lunchpaketen
(Brötchen streichen,
Tee abfüllen)

◆ Es lohnt sich, vor Beginn eines Lagers einen Plan zu erstellen. Auf diesem Plan sind jeweils die zu verrichtenden Arbeiten und die dazugehörenden Verantwortlichen aufgeführt. Arbeiten wie Tischdecken, Abwaschen, Essaal wischen.

Abwaschen

◆ Die TeilnehmerInnen aus verschiedenen Alterstufen bilden eine Gruppe und erledigen den Abwasch für das ganze Lager. In Kinderlagern ist immer eine verantwortliche erwachsene Person anwesend. Grosse Pfannen und der Herd werden vom Küchenteam gereinigt.

◆ Oder die TeilnehmerInnen erledigen den Abwasch selbständig am Esstisch in einem grossen Becken. Diese Form eignet sich, wenn die Küche sehr klein und schlecht eingerichtet ist.

Anrichten

◆ Das Anrichten und Garnieren der Speisen beansprucht recht viel Zeit. Das Essen soll ja appetitlich aussehen! Lasst euch dabei helfen, damit es schneller geht und die Speisen nicht kalt werden. Hier einige Tips:

Angerichtete Platten nach
Möglichkeit warmstellen.

Eintopfgerichte sind einfacher
zum Anrichten.

Sind genügend Platten und Schüsseln
vorhanden, sollen die Mengen je nach
Tischgrössen bereitgestellt werden.

Ist wenig oder kein
Anrichtegeschirr vorhanden, wird
eine Fassstrasse errichtet.
Die TeilnehmerInnen kommen
nach vorn und erhalten das Essen
direkt aus dem Kochtopf geschöpft.

Servieren

◆ Bestimmt eine Person pro Tisch oder Gruppe, die verantwortlich ist, dass das Essen auf den Tisch kommt, dort verteilt wird, und für Nachschub gesorgt ist.

Zeit- und Arbeitsaufwand

◆ Es ist ein Unterschied, ob ihr für 4 Personen oder für 20, 30, 50 oder gar 100 Personen ein Essen auf den Tisch zaubern müsst. Wer noch nie für eine grosse Gruppe gekocht hat, unterschätzt oft den Zeit- und Arbeitsaufwand. 3 l Wasser kochen schneller als 100 l! In den ersten Tagen lohnt es sich, genügend Vorbereitungs- und Kochzeit einzurechnen. Achtung, nicht alle Pfannen und Kochplatten funktionieren gleich gut. Habt ihr die Küche einmal im Griff und euch an die grossen Mengen gewöhnt, könnt ihr die Arbeitszeiten besser berechnen. Ein Arbeits- und Zeitplan erleichtert viel, vermeidet Hektik und verspätete Mahlzeiten.

◆ Zeitaufwendig sind: grosse Mengen Wasser kochen; Gemüse und Salat rüsten; Pellkartoffeln schälen; grosse Mengen Verpackungen und Büchsen öffnen; das Anrichten und Garnieren von Platten und Desserts; Lunch vorbereiten und Brötchen streichen.

Wichtige Tips

Alles ist gut vorbereitet!
So stehen z. B. alle Zutaten für
das Wiener Rahmgulasch bereit,
bevor das Öl erhitzt wird.

Teigwarenpackungen sind geöffnet,
bevor das Wasser kocht.

Da Teigwaren nur eine kurze Kochzeit
haben, erst dann ins siedende Wasser
geben, wenn die Kinder am Tisch sind.

Speisen eher knapp gar kochen,
denn durch das Stehenlassen werden
sie weicher.

In grossen Mengen bleiben die Speisen
länger warm.

Wird nach dem Frühstück
ein Lunchpaket abgegeben, sollte der
Lunch bereits vor dem Frühstück oder
am Vorabend (ohne Brötchen, Fleisch)
vorbereitet sein.

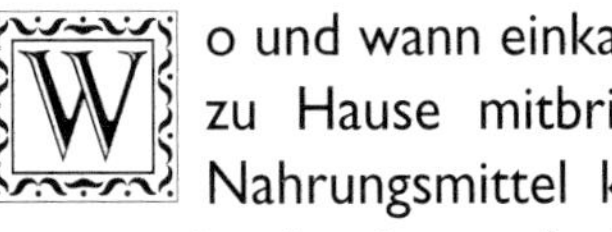

Wo und wann einkaufen? Was von zu Hause mitbringen? Welche Nahrungsmittel können im Lagerort eingekauft werden? Welche Einkaufsmöglichkeiten bestehen überhaupt? Werden Brot und Milch jeden Tag frisch ins Haus geliefert? Das sind Fragen, die bereits beim Erkunden der Lagerküche abgeklärt werden sollten. So erspart ihr euch viele Unklarheiten und könnt konkreter am Menüplan arbeiten.

◆ Eine persönliche Kontaktaufnahme mit den Ladenbesitzern vor dem Lagerbeginn hat sich noch immer gut bewährt, nicht nur zum Kennenlernen. Auch Sonderwünsche, Sonderangebote, Vergünstigungen, Lieferungen, und die Bestelldauer für bestimmte Produkte können abgeklärt werden.

Hier einige Hinweise:

◆ Sind Einkaufmöglichkeiten am Lagerort selbst oder in der Nähe vorhanden, so sollte man diese nutzen und dabei auch die kleinen Geschäfte berücksichtigen.

◆ Lagerfähige Produkte wie Reis, Teigwaren, Tee, Öl, Essig im voraus bestellen und einkaufen, so bleiben nur noch die Frischprodukte und kleine, täglich anfallende Einkäufe.

◆ Für den ersten Tag die Nahrungsmittel von zu Hause mitbringen oder im voraus am Lagerort bestellen.

◆ Frischprodukte wie Milch, Brot, Gemüse, Salat, Fleisch möglichst jeden Tag frisch beziehen. Meistens werden diese Sachen täglich geliefert.

◆ Die Möglichkeit abklären, ob Milch, Gemüse und Früchte direkt bei einem Bauern zu beziehen sind.

◆ Oft erhalten Jugendlager Vergünstigungen bei grossen Nahrungsmittelbezügen.

◆ Manchmal sind Eltern oder sonst jemand bereit, für Kinderlager Nahrungsmittel zu spenden. Informiert euch frühzeitig, damit ihr diese Spenden in den Menü- und Einkaufsplan miteinbeziehen könnt. Auch Dessert, Schokolade usw. sind beliebte Gaben.

◆ Grosspackungen sind oft preisgünstiger; kauft sie aber nur dann, wenn ihr effektiv die ganze Menge aufbrauchen könnt.

Umweltbewusstes Einkaufen

◆ Wer einkauft, hat die grosse Chance, etwas für den Umweltschutz zu tun. Wir können frei wählen, ob wir in Karton und Plastik verpackte oder offen angebotene Ware kaufen wollen, ob kleine oder grosse Packungen, einheimische oder ausländische Produkte. Je nachdem, wie und was wir wählen, werden die Auswirkungen auf unsere Mit- und Umwelt positiv oder negativ sein. Wir haben es in der Hand und beachten folgende Punkte:

◆ Unverpackte Gemüse, Früchte und andere Frischwaren kaufen.

◆ Wenig Verpackung mitkaufen. Auch für die Verpackung müssen wir bezahlen.

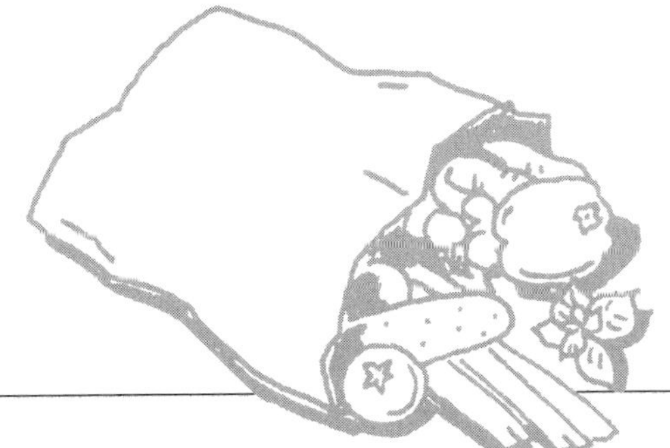

◆ Wiederverwertbare Verpackungen bevorzugen.

◆ Inlandprodukte einkaufen. (Kurze Transportwege helfen Energie sparen.)

◆ Offene Milch einkaufen.

◆ Wenig Büchsen, und wenn unumgänglich, dann grosse Portionen (Abfall, Nährwert und ungesunde Zusatzstoffe).

◆ Wenig Fertigprodukte verwenden, da deren Herstellung viel Energie verbraucht, der Nährwert kleiner ist, Zusatzstoffe in grösseren Mengen schädlich sind, und am Schluss viel Abfall zurückbleibt.

◆ Grosse Portionen und Grosspackungen einkaufen.

◆ Kleine Läden, Bäckereien, Käsereien berücksichtigen.

◆ Eine Einkaufsliste erstellen, damit nicht wegen vergessener Kleinigkeiten mehrmals ins Einkaufsgeschäft gefahren werden muss.

In jeder grossen Küche müssen hygienische Regeln beachtet werden. Gerade die Küche ist ein Ort, wo sich kleine Lebewesen sehr wohl fühlen und sich schnell vermehren, wenn nicht sauber gearbeitet wird. Wärme, Feuchtigkeit, Nahrung und Sauerstoff sind ideale Lebensbedingungen für Pilze und Bakterien. Die Lebensmittel verderben und deren Genuss kann zu Lebensmittelvergiftungen führen. Die Sauberkeit in einer Lagerküche hat direkte Auswirkungen auf den Gesundheitszustand der LagerteilnehmerInnen. Verbreiteter Durchfall ist oft eine Folge von zuwenig Hygiene in der Küche oder in den Toilettenanlagen!

Achtung

◆

Vor jeder Küchenarbeit die Hände gründlich waschen und mit einem sauberen Tuch trocknen.

◆

Saubere Kleider und eine saubere Schürze tragen.

◆

Lange Haare zusammenbinden.

◆

Abwaschlappen, Hand- und Abtrocknungstücher oft wechseln. Abtrocknungstücher möglichst im Freien trocknen lassen. Abwaschlappen immer gut auswaschen. Sind zuwenig Tücher und Lappen vorhanden, kann die Küchenwäsche in einer grossen Pfanne mit wenig Waschmittel 20 - 30 Min. gekocht werden. Dann die Wäsche gut spülen und trocknen.

◆

Arbeitsplatz sauber halten.

◆

Küchenboden sauber halten und jeden Abend nass aufwischen.

◆

Einwandfreie und saubere Arbeitsgeräte verwenden.

◆

Speisereste zugedeckt und kühl aufbewahren und möglichst schnell weiterverwenden.

◆

Rohe Lebensmittel, die nicht gekocht sind, verderben rasch.

◆

Tiefgefrorenes Fleisch nach dem Auftauen sofort weiterverwenden.

◆

Früchte und Gemüse vor Gebrauch immer gut waschen.

◆

Faule Blätter und Druckstellen bei Früchten und Gemüse grosszügig wegschneiden.

◆

Schimmeliges Brot und andere mit Sporen versetzte Speisen nie essen, auch nicht an Tiere weiterverfüttern.

◆

Vorratsraum und Kühlschrank sauber halten und kontrollieren. Kühlschrank zwischendurch mit Essigwasser auswaschen.

◆

Holzbrettchen, Wallhölzer und Pinsel immer gut an der Luft trocknen lassen. Feuchte und schmutzige Holzbrettchen bieten Kleinlebewesen ideale Lebensbedingungen.

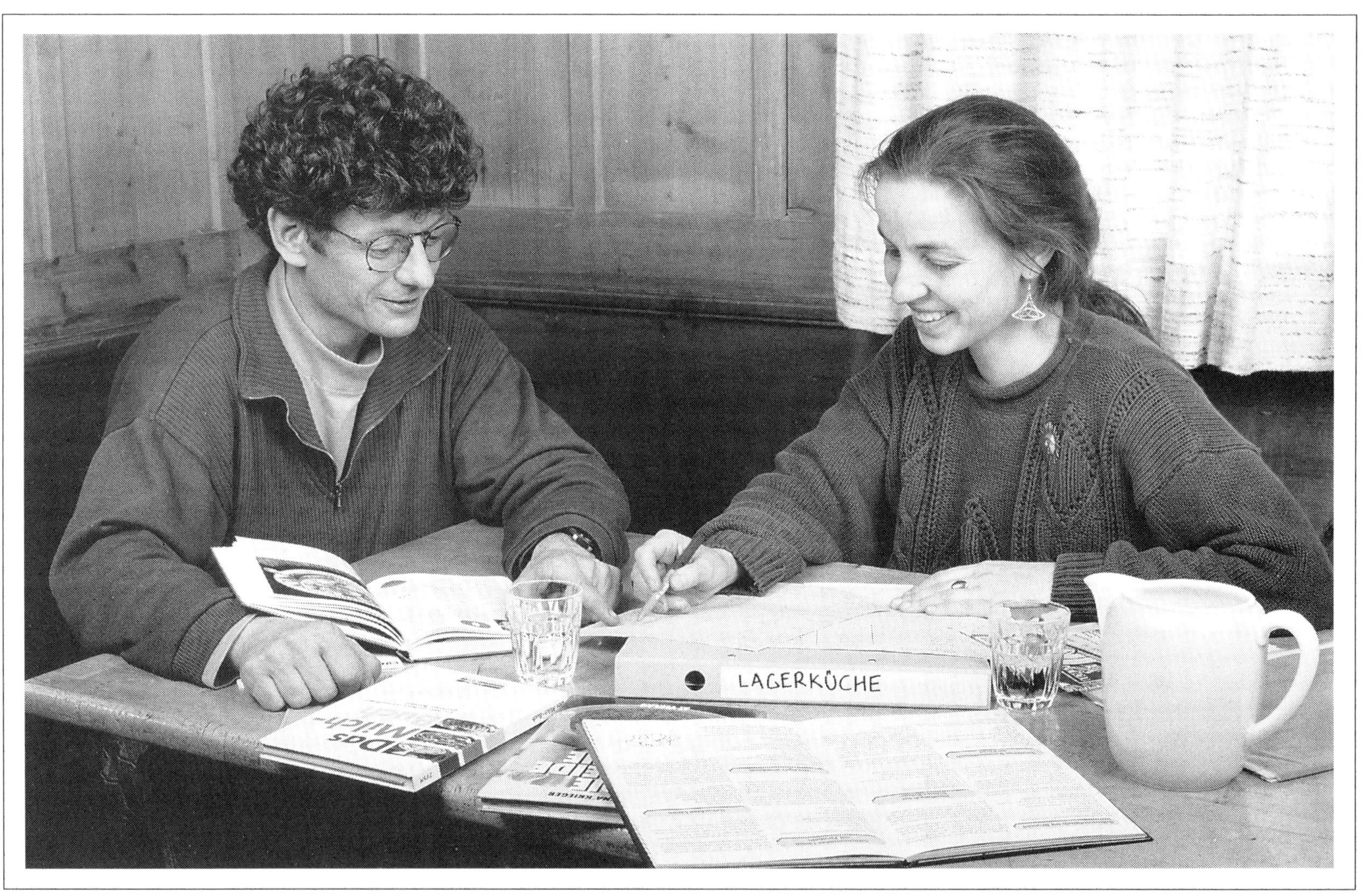
LAGERKÜCHE

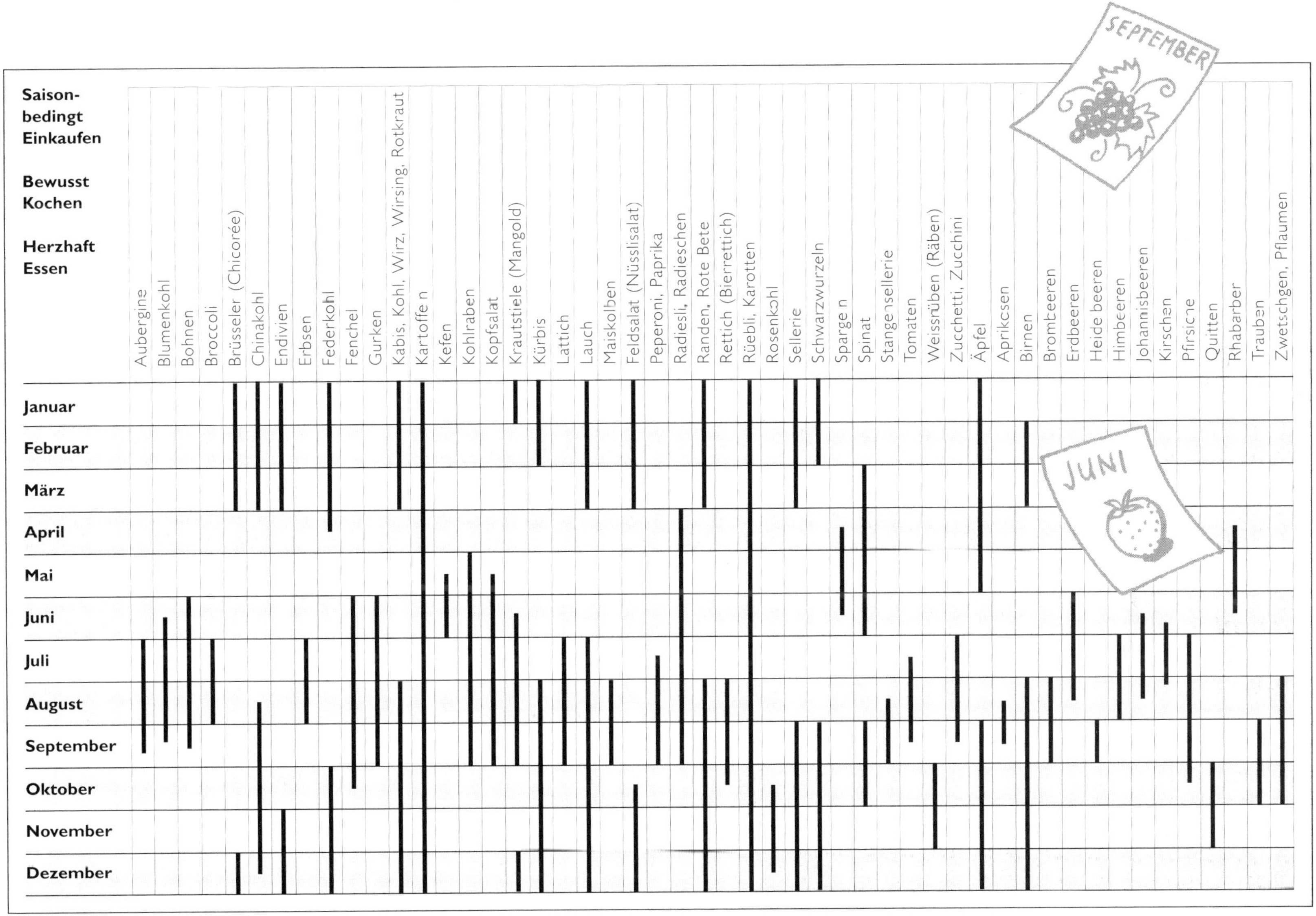

Saison-
bedingt
Einkaufen

Bewusst
Kochen

Herzhaft
Essen

Spaltenbeschriftung (Gemüse/Früchte):
Aubergine · Blumenkohl · Bohnen · Broccoli · Brüsseler (Chicorée) · Chinakohl · Endivien · Erbsen · Federkohl · Fenchel · Gurken · Kabis, Kohl, Wirz, Wirsing, Rotkraut · Kartoffeln · Kefen · Kohlraben · Kopfsalat · Krautstiele (Mangold) · Kürbis · Lattich · Lauch · Maiskolben · Feldsalat (Nüsslisalat) · Peperoni, Paprika · Radiesli, Radieschen · Randen, Rote Bete · Rettich (Bierrettich) · Rüebli, Karotten · Rosenkohl · Sellerie · Schwarzwurzeln · Spargeln · Spinat · Stangensellerie · Tomaten · Weissrüben (Räben) · Zucchetti, Zucchini · Äpfel · Aprikosen · Birnen · Brombeeren · Erdbeeren · Heidelbeeren · Himbeeren · Johannisbeeren · Kirschen · Pfirsiche · Quitten · Rhabarber · Trauben · Zwetschgen, Pflaumen

Monate:
Januar · Februar · März · April · Mai · Juni · Juli · August · September · Oktober · November · Dezember

Montag	Dienstag	Mittwoch	Donnerstag	Freitag	Samstag	Sonntag
Anreise:	gewöhnliches Frühstück	gewöhnliches Frühstück	gewöhnliches Frühstück	gewöhnliches Frühstück	gewöhnliches Frühstück	Brunch: siehe Kapitel Frühstück
Kinder bringen Lunch mit	Verschiedene Risottos: -Gemüse -Pilz -Safran -nature, grüner Salat	Wiener Rahmgulasch, Kartoffelstock, gedämpfte Karotten oder Mischgemüse	grüner Salat mit Karottenstreifen, Riz Casimir, garniert mit Früchten	Lunch: siehe Kapitel Lunch	Tomatensalat, Karottensalat, grüner Salat, Rösti, Hackbraten	
Spaghetti bolognaise oder Spaghetti carbonara, grüner Salat	Bouillon mit Einlage, Birchermüesli oder Götterspeise, Brot, Butter, Tee	Maispizza oder Gemüselasagne, Kopfsalat mit Gurkenscheiben gemischt Saisonfrüchte, Frappé oder Shake	Gschwellte (Pellkartoffeln), Käseplatte, Kräuterquarksauce oder Quarkmayonnaise, Essiggurken, Nüsse, Tomatenschnitze Pfirsichrosette	klare, gedämpfte Gemüsesuppe Wähen-Buffet	eventuell Drink oder Bowle, belegte Party-Brötchen (Käse, Fleisch, Gemüse, Salat, Thon …) Eis garniert	kleiner gemischter Salat mit gerösteten Sonnenblumenkernen, Pilaw

Montag	Dienstag	Mittwoch	Donnerstag	Freitag	Samstag
Frühstück	gewöhnliches Frühstück	gewöhnliches Frühstück	gewöhnliches Frühstück	gewöhnliches Frühstück	gewöhnliches Frühstück
Mah-Meh, Chinakohlsalat mit gerösteten Sesamsamen	Panierte Schnitzel, Kartoffel-Karottengemüse oder portugiesische Kartoffeln Frucht zum Dessert	Gemüse-Dips, Chili con carne oder verdure, Trockenreis	Bratkartoffeln oder Ofenkartoffeln, Pouletschenkel gebraten oder im Ofen, gedämpfte Bohnen	Dicke Eier an einer Curry- oder Käsesauce, Hirsotto oder Quinoa, Tomatensalat	Lunch für die Heimreise
Salat-Buffet, Knoblauchbrötchen (Restenverwertung)	farbige Teigwaren, Gemüse z. B. Blumenkohl an einer Käsesauce mit gerösteten Mandelsplittern, evtl. überbacken, grüner Salat, evtl. Restesalate	Apfelstreusel oder Bratäpfel mit Vanillesauce Früchtekompott z. B. Äpfel, Birnen, Pfirsich … mit Zimtrahm	Käseschnitten oder verschiedene Toaste, Salatplatte oder Salat	Spaghetti-Festival: -Pilzsauce -Gemüsesauce -Kräuter-Knoblauch-Rahmsauce -Tomatensauce Vollkorn- und weisse Spaghetti, Mischsalat, Coupe surprise: Eis, Fruchtsalat, Wunderkerzen, Schokoladenstreusel, Rahm	

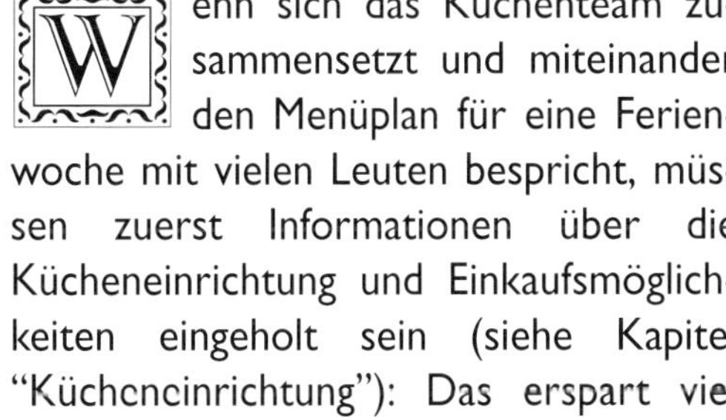Wenn sich das Küchenteam zusammensetzt und miteinander den Menüplan für eine Ferienwoche mit vielen Leuten bespricht, müssen zuerst Informationen über die Kücheneinrichtung und Einkaufsmöglichkeiten eingeholt sein (siehe Kapitel "Kücheneinrichtung"): Das erspart viel Arbeit und schafft Sicherheit.

Es ist sinnvoll, wenn mindestens eine Person aus dem Leitungsteam bei der Planung dabei ist. Denn der Menüplan muss sich auch nach dem Aktivitätenprogramm richten. So könnt ihr gegenseitig eure Wünsche und Vorstellungen anbringen und unklare Fragen sofort beantworten.

Wichtige Punkte:

- ◆ Einrichtung der Lagerküche (Backofen, Tiefkühler)
- ◆ Geld/Budget
- ◆ Jahreszeit
- ◆ Anzahl TeilnehmerInnen und Alter (Erwachsene, Jugendliche, Kinder, Knaben, Mädchen)

- ◆ Art des Lagers (Freizeit-, Sport-, Wander-, Arbeitslager)
- ◆ Lagerprogramm (Motto, Tagesgestaltung, Wetter)
- ◆ Einkaufsmöglichkeiten

Einige Grundsätze

- ◆ Saisongerechte Nahrungsmittel wählen.
- ◆ Budget berücksichtigen.
- ◆ Zeitaufwand berechnen.
- ◆ Möglichst wenig Fertig- und Auslandprodukte verwenden, vor allem bei Früchten und Gemüse.
- ◆ Lieblings-Menü miteinbeziehen.
- ◆ Ausgeglichene, gesunde Menüs zusammenstellen, d. h., alle Nährstoffgruppen müssen vertreten sein.
- ◆ Mindestens einmal Rohkost am Tag!
- ◆ Das Auge isst mit: Verschiedene Farben und Formen wählen, garnieren.
- ◆ Als Nachtessen leichte und kleine Mahlzeiten zubereiten.
- ◆ Es muss nicht jeden Tag Fleisch auf den Tisch.

- ◆ 1 - 2 Tage offen lassen für Unvorhergesehenes, Reste usw.
- ◆ Auf Abwechslung achten, nicht jeden Tag Teigwaren servieren.
- ◆ Bei kleinen Gruppen- oder Schullagern TeilnehmerInnen mitplanen lassen!

Einige persönliche Erfahrungen:

- ◆ Es wird immer Gerichte/Menüs geben, die nicht allen Kindern schmecken. Daher immer etwas Brot bereit halten.
- ◆ Vorsicht mit Experimentieren!
- ◆ Gerichte, die in letzter Minute zubereitet werden müssen und nicht warmgestellt werden können, eignen sich schlecht für grosse Mengen.
- ◆ Gemüse wie Sellerie, Fenchel, Kabis sind bei Jugendlichen oft unbeliebt, Karotten, Bohnen, Gemüse mit weisser Sauce eignen sich gut.
- ◆ Linsen, Polenta, Griess, Vollkorngetreide sind für viele ungewohnt, darum kleinere Mengen zubereiten.
- ◆ Fischgerichte und Innereien sind nicht beliebt.

ür das Essen steht nur ein bestimmtes Budget zur Verfügung. Besonders in der Freizeitgestaltung mit Kindern heisst es rechnen und sparsam mit dem Geld umgehen. Wieviel Geld darf pro Tag und pro Kopf verbraucht werden? Auch danach muss sich der Menüplan richten. Wer für das Budget verantwortlich ist, muss die Übersicht über den Einkauf haben und laufend kontrollieren, ob die gemachten Ausgaben das Budget nicht übertreffen. Bei Barzahlung werden die Quittungen gesammelt. Geht alles auf eine Rechnung, müssen die Lieferscheine mit den Preisen versehen sein. So können die Ausgaben laufend eingetragen und überprüft werden.

◆ Ein einfaches Menü wie Spaghetti an Tomatensauce vermag ein kostspieliges Essen mit Fleisch wieder auszugleichen. Achtet darauf, dass es dabei nicht 3 Mal hintereinander Spaghetti gibt. Gegen Ende des Lagers sollten möglichst alle Vorräte aufgebraucht werden. Übrigens nehmen kleine Läden am Ferienort originalverpackte Esswaren oft retour.

Wichtig:

◆ Die folgenden Mengenangaben sind Durchschnittswerte. Je nach Alter und Geschlecht der LagerteilnehmerInnen müssen die Mengen verändert werden. Zu Beginn eines Lagers wird oft mehr gegessen als gegen Schluss. Die Brotmenge kann von anfangs 120 g auf 80 g pro Person und Tag sinken.

◆ Drängt als Verantwortliche der Küche darauf, dass die Leitung nicht zu viele "Fresspäckli" zulässt. Stetes Naschen zwischendurch verdirbt den Appetit.

Mengen pro Person und Essen

Frühstück

Kakao:		2 - 3 dl
Butter:		15 - 20 g
Konfitüre:		20 - 30 g
Brot:		80 - 120 g

Hauptmahlzeiten

Suppe:	1,5 - 2 dl als Vorspeise
	3 - 4 dl als Hauptspeise
Saucen:	0,5 - 1 dl (je nach Sauce mehr oder weniger)
Fleisch:	80 - 100 g
Kartoffeln:	100 - 150 g als Beilage
	200 - 250 g als Hauptgericht
Teigwaren:	60 - 80 g als Beilage
	80 - 120 g als Hauptgericht (Spaghetti bis 150 g)
Reis:	60 - 70 g als Beilage
	80 - 100 g als Hauptgericht
Mais/Griess:	50 g
Gemüse:	100 - 120 g

Salate

Kopfsalat:	1 Salat für 4 - 5 Personen
Endivien:	1 Salat für 6 - 8 Personen
Gurke:	1 Stk. für 3 - 4 Personen
Tomaten:	1 Stk. pro Person
Karotten:	100 - 120 g

Früchte

roh	100 - 150 g
gekocht	150 - 200 g

Cremen

Cremen	1,5 dl

Getränke

Getränke	2 - 2,5 dl

Brot

1 kg Ruchbrot	16 - 20 Scheiben

Kochmengen reduzieren, wenn:

◆ die Kinder Einkaufsmöglichkeiten in der Nähe des Lagers haben und diese nutzen dürfen.
◆ es viele Esspäckchen gibt.
◆ die Kinder bei schlechtem Wetter zu Hause spielen und Gelegenheit zum Naschen haben.

Kochmengen erhöhen, wenn:

◆ jede Gelegenheit zum Naschen ausgeschlossen ist.
◆ die Kinder nach einer strengen Wanderung ins Lager zurückkehren (ohne Zwischenhalt am Kiosk).
◆ nach strenger körperlicher Anstrengung: Tagesmarsch, Sporttag, Lagerolympiade, Fussballturnier usw.
◆ bei sehr heissem Sommerwetter (viele Getränke bereithalten!).

Einflussfaktoren auf Essensmengen

◆ Wenn Suppe und Dessert serviert wird, kann die Hauptmahlzeit reduziert werden.
◆ Aus grossen Tassen wird mehr getrunken, weil alle mindestens eine volle Tasse haben wollen.
◆ Alle wünschen mindestens eine Schöpfkelle voll Dessert. Besser kleine Kellen und Löffel zum Verteilen von Cremen, Birchermüesli und ähnlichem verwenden, und nach Wunsch mehrmals nachschöpfen.

Tips

◆ Mengen eher knapp berechnen und grosse Reste vermeiden.
◆ Idealerweise erhält jedes Kind ein Stück: ein Schnitzel, eine Frucht, eine Schale Dessert, ein Stück Kuchen.
◆ Für Erwachsene eventuell 1 - 2 Stück berechnen.

Masse und Gewichte

1 normale Tasse	= 2 dl		1 kg Kartoffeln	= 10 - 12 Stk.
1 grosse Tasse	= 2,5 dl		1 kg Äpfel	= 8 - 10 Stk.
1 Wasserglas	= 1,5 dl		1 kg Tomaten	= 10 - 12 Stk.
1 Joghurtbecher	= 1,8 dl		1 kg Karotten	= 12 - 15 Stk.
			1 kg Zitronen	= 8 Stk.
			1 kg Zwiebeln	= 10 Stk.

1 Eiweiss	= 30 g	= 0,25 dl	

	Kl	El	Tasse
Salz	6 g	20 g	175 g
Zucker	5 g	15 g	180 g
Mehl	3 g	10 g	130 g
Reis	-	20 g	200 g
Griess/Mais	-	10 g	170 g
Öl/Fett	5 g	15 g	180 g (1 dl = 6 El)

Die Menge gilt immer für gestrichene Löffel und Tassen!

Lagerküchen haben viele Gesichter. Von der einfachen Kleinküche bis zur grossen, gut eingerichteten Luxusküche findet man alles. Darum ist es von grosser Bedeutung, die Küche im voraus anzuschauen. Was lässt sich in dieser Küche kochen und wozu ist sie nicht geeignet?

Die folgende Checkliste lässt sich kopieren. Beim Erkunden am Ort kann sie ausgefüllt werden.

Checkliste Kücheninventar

Herd

❒ Holzherd

Beschaffung Holz:

....

....

❒ Gasherd

Beschaffung Ersatzflaschen:

....

....

❒ Elektroherd

...... Anzahl Kochmöglichkeiten

❒ Möglichkeit zum Kochen kleiner Mengen für Kranke oder das Leiterteam am Abend

❒ Backofen Backmöglichkeit Kuchen- und Gratinformen für ...... Personen

❒ Heissluftbackofen

❒ grosser Bräter

❒ Elektro-Kippkessel

Funktion der Geräte prüfen!!

❒ Steckdosen

...... Anzahl 220 - 240 V

...... Anzahl 380 V

❒ Kühlschränke ...... Liter Volumen

❒ Tiefkühler ...... Liter Volumen

❒ Aufbewahren Vorräte

❒ kühler Raum .... ° C

...... Gestelle im kühlen Raum

❒ Arbeitsflächen

...... Anzahl Tische zum Rüsten

...... Anzahl Tische zum Anrichten

Abwaschen

❒ Abwaschplätze

...... Anzahl grosse Becken

...... Anzahl kleine Becken

❒ Abwaschmaschine

Wasser

❒ fliessend kalt

❒ Warmwasser

❒ separater Boiler für Küche

❒ Feuerlöscher

Standort:.......................................

....

❒ Bedienungsanleitung

❒ Abfalleimer

❒ Kompost

deponieren:.......................................

....

❒ Schweine-Kübel

Abnehmerln:.......................................

....

Küchenmaschinen

❏ Brotmaschine ❏ Mixer

❏ Fleischschneidemaschine

❏ Rechaud ❏ Timer

❏ Waage

❏ Andere:

....

....

....

....

....

❏ Küchenmaschinen

von zu Hause mitnehmen:

....

....

....

....

....

Küchengeräte (.......... Anzahl)

...... Rüstmesser ...... Schwingbesen

...... Zapfenzieher ...... Kapselheber

...... Draht oder Abtropfkelle

...... Fleischmesser ...... Raffel

...... Holzbrettli ...... Brotmesser

Abtropfbecken ❏ klein ❏ gross

...... Bratenschaufeln ...... Trichter

...... Gummischaber ...... Sparschäler

...... Holzkelle ...... Büchsenöffner

...... Schöpflöffel

...... Litermasse ...... Liter

weitere

....

....

....

....

Pfannen

...... Anzahl klein

(- 2 l)

...... Anzahl mittel

(2-6 l)

...... Anzahl gross

(über 6 l)

...... Anzahl

Bratpfannen

Zustand der Pfannen ❏ ❏

❏ Pfannendeckel

Zustand

(gerade Böden

für Elektroherd

usw.)

gut   schlecht

❏   ❏

❏   ❏

❏   ❏

❏   ❏

Geschirr zum Anrichten

❏ Schüsseln

...... gross ...... mittel ...... klein

❏ Platten

❏ Krüge ...... gross ...... klein

❏ Thermoskrüge ...... Anzahl

❏ Schöpfbesteck ❏ genügend

❏ ungenügend

❏ es fehlt:

....

....

....

....

....

....

....

....

Essgeschirr (Anzahl)

...... grosse Teller ...... Suppenteller

...... Gläser ...... Dessertteller

...... Dessertschälchen ...... Löffel

...... Dessertlöffel .... Tassen

...... Messer ...... Gabeln

Achtung: Das Geschirr sollte in genügender Menge vorhanden sein, damit gleichzeitig getischt und angerichtet werden kann.

Richtwert: Mindestens 20 % mehr Geschirr als TeilnehmerInnen, sonst muss zusätzliches Geschirr von zu Hause mitgebracht werden.

Küchenwäsche

❏ Abwaschlappen

❏ Abtrocknungstücher

  (ca. 1 pro TeilnehmerIn)

  wenn ungenügend, wer

nimmt welche mit?

❏ LagerteilnehmerInnen

❏ sonst verantwortlich:

....

....

....

❏ Möglichkeit für Wäschleinen

(an trockenen Orten)

❏ Waschgelegenheit

Putzmaterial

...... Staubsauger

...... auch Wassersauger?

...... Besen ...... Pfannenribel

...... Putzkessel ...... Schrubber

...... Bodenlappen

...... Handwischer und Schaufel

❏ Putzmittel vorhanden

welche:

....

Einkaufsmöglichkeiten

Für Einkauf und Transport

ist verantwortlich:

....

....

....

Lebensmittelgeschäfte

1. ....

....

Ort ....

Telefon: ....

Öffnungszeiten:..

2. ....

....

Ort ....

Telefon: ....

Öffnungszeiten:..

❏ Bäckerei im Ort

Telefon: ....

❏ Milch in Offenausschank

Ort ....

Telefon: ....

❏ Metzgerei

Ort ....

Telefon: ....

Esswaren-Transport

❏ zu Fuss ❏ Auto

❏ Postauto ❏ Hauslieferung

❏ Anderes:

....

....

❑ Rabatte ...... %

❑ Frischprodukte erhältlich

❑ Transport von Lebensmitteln von zu Hause.

Sich beim Ladenpersonal vorstellen, das schafft von vornherein eine bessere Situation!

Die Küche, nicht selten die Nothelferin im Alltag, sollte zudem ausgestattet sein mit:

❑ Schraubenzieher ❑ Dosen-/Flaschenöffner ❑ Sicherungen ❑ Hammer ❑ Leim ❑ Schere ❑ Schnüre ❑ Ersatzglühbirnen ❑ Zangen ❑ Wäscheklammern ❑ Ersatzbatterien ❑ Nägel ❑ Kerzen ❑ Klebstreifen ❑ Reissnägel ❑ Zündhölzer ❑ Gummibänder ❑ Servietten ❑ Plastik-/Haushaltfolie ❑ Taschenmesser ❑ Zeitungspapier ❑ Abfallsäcke ❑ Lunch-Säckchen

Was nicht vorhanden ist, sollt ihr mitnehmen.

Lagerabgabe

Der Abfall wird deponiert:

....

....

Putzen müssen wir in der Küche:

....

....

....

....

....

Ersetzen

❑ Geschirr:

....

....

....

....

....

....

....

❑ Putzmittel:

....

....

....

....

....

❑ Anderes:

....

....

....

....

....

Wichtig:

Genaues Nachzählen des Inventars vor dem ersten Gebrauch lohnt sich (Mängelliste); Fehlendes und Zerschlagenes muss in der Regel ersetzt werden!

Bewusst kochen - herzhaft essen
Informationen und Rezepte
Gesellschaft zur Förderung der Partnerschaft mit der Dritten Welt GmbH
Schwelm, 1992

Die Jahreszeiten-Küche
Früchte und Beeren / Gemüse
S. Krebs, Y. Tempelmann, Unionsverlag, Zürich, 1988

Ökoküche
Vollwertig und umweltgerecht einkaufen und essen
V. Krieger et al., AT-Verlag, Aarau, 1991

Rezepte aus der Welt der tausend Düfte
Vereinigung 3. Welt Läden

Unicef-Kinderkochbuch

Zu Gast bei unseren Gästen
K. Dreher, V. Mohn, Schweizerische Zentralstelle für Flüchtlingshilfe, Zürich

Kennen und Können
Technikbuch für Zeltlager
R. Cotti, H. Oberholzer, rex verlag, Luzern, 1992, 12. Auflage

Tip - Topf
Internationales Lehrmittel für den Hauswirtschaftsunterricht
Staatlicher Lehrmittelverlag Bern

Beiss nicht gleich in jeden Apfel
C. Buhmann, AT-Verlag, Aarau, 1993

Ächti Schwizer-Chuchi
M. Kaltenbach, Hallwag-Verlag, Bern, 1986, 8. Auflage

Es kocht in den Alpen
Alpen-Initiative, Limmat Verlag, Zürich, 1992

Deutschland	Österreich	Schweiz
Blätterteig	Butterteig	Blätterteig
Eierkuchen	Palatschinken	Omeletten
Eiscreme	Eiscreme	Glace
Feldsalat	Vogerlsalat	Nüsslisalat
Fleischbrühe	Klare Suppe	Bouillon
Fleischragout	Fleischragout	Voressen
Hackfleisch	Faschiertes	Hackfleisch
Hefe	Germ	Hefe
Kartoffeln	Erdäpfel	Herdäpfel
Kohlrüben	Kohlrüben	Rüben
Kopfsalat	Häuptesalat	Kopf-, Blattsalat
Lauch	Porree	Lauch
Mais	Kukurutz	Mais
Möhren	Karotten	Rüebli
Paprikaschoten	Paprikaschoten	Peperoni
Pellkartoffeln	geschälte Erdäpfel	Gschwellti
Petersilie	Petersilie	Peterli
Pilze	Schwammerl	Pilze
Quark	Topfen	Quark
Rindfleisch, gekocht	Rindfleisch, gekocht	Siedfleisch
Rosenkohl	Kohlsprossen	Rosenkohl
Rote Bete	Rote Rüben/Randen	Randen
Rotkohl	Blaukraut	Rotkabis
Rührei	Eierspeise	Rührei
Sahne	Obers	Nidel, Rahm
Salatkartoffeln	Kipfler/Kartoffelsalat	Kartoffelsalat
Scheibe	Scheibe	Tranche
Schlagsahne	Schlagobers	Schlagrahm
Schnitzel	Schnitzel	Plätzli
Sellerie	Zeller	Sellerie
Semmelbrösel	Brösel	Paniermehl
Suppenpfannkuchen	Frittaten	Flädli
Tomaten	Paradeiser	Tomaten
Vorteig	Dampfl	Hebel
Weisskohl	Weisskraut	Kabis
Wirsing	Kohl	Wirz
Würstchen	Würstl	Würste
Zucchini	Zucchini	Zucchetti
Zuckererbsen	Zuckererbsen	Kefen